JN146999

NHK
プロフェッショナル
仕事の流儀

7

表現する プロフェッショナル

編：NHK「プロフェッショナル」制作班

NHK プロフェッショナル 仕事の流儀 7 表現するプロフェッショナル

目次

はじめに 4

楽しみも苦しみも、すべて音になる
バイオリニスト 五嶋みどり 5

果てなき芸道、真の花を
狂言師 野村萬斎 41

あ

大事なものは、足元にある
ガーデンデザイナー　ポール・スミザー　79

肝心(ちむぐくる)が、心の旅を生む
バスガイド　崎原(さきはら)真弓(まゆみ)　117

異端(いたん)の文字、街にあふれる
書体デザイナー　藤田重信(ふじたしげのぶ)　153

はじめに

このシリーズは、NHKで放送された番組『プロフェッショナル 仕事の流儀』を書籍にまとめなおしたものです。

番組では、さまざまな分野の第一線で活躍しているその道のプロフェッショナルたちの「仕事」をほり下げ、プロフェッショナルたちの仕事にのぞむ姿勢や、その生き方をつらぬく「流儀」を紹介しています。

7巻「表現するプロフェッショナル」では、さまざまな表現方法で、自分の思いや心の奥にある感情を表現することにこだわった、5人のプロフェッショナルたちが登場します。

プロフェッショナルたちの仕事にのぞむ姿勢や考え方をとおして、仕事の奥深さ、働くということの魅力、プロフェッショナルたちの生き方の流儀を伝えられればと思います。

ストーリーの最後には、プロフェッショナルたちの格言をのせています。プロフェッショナルたちのことばが、これからを生きるみなさんの道しるべになることを願います。

「表現するプロフェッショナル」編集部

楽しみも苦しみも、すべて音になる

バイオリニスト　五嶋（ごとう）みどり

写真：TheNewYorkTimes／アフロ

「Ｍｉｄｏｒｉ」の名で知られる、日本人バイオリニストがいる。
わずか11歳でデビューして、世界に衝撃をあたえ、
以来、30年あまり、世界のトップバイオリニストとして活躍している。
世界中から演奏会の依頼が絶えず、年間１００回近くの公演をおこなう。
世界を飛び回り、一流の指揮者やオーケストラと共演を重ね、
喝采をあびる彼女の魅力は、圧倒的な技術と表現力。
それは、音楽に対するひたむきさから生みだされる。
ときに楽しみ、ときに苦しみながら、
真っすぐに音楽に向き合い続ける中で、見つめるようになった原点。
「音楽とは何か？」
こたえを探す彼女は、大きな挑戦にふみだす。
「Ｍｉｄｏｒｉ」は、どんなこたえにたどりつくのだろうか。

✳世界のMidori

アメリカ、ロサンゼルス。

早朝の大学に、ひとりの日本人女性が出勤してきました。背負っている80センチのバイオリンケースが大きく見えるほど小がらな人。でも、世界中に名前を知られる偉大なバイオリニストです。

五嶋みどりさん。

このロサンゼルスに活動拠点をおきながら、1年間に100あまりの公演をこなすため、いそがしく世界各地を飛び回っています。

一見少女のようにも見える、ほっそりとしてにこやかな五嶋さんですが、プロの音楽家になってもう30年以上のキャリアをもつベテランです。というのも、演奏家としてデビューしたのが、わずか11歳のときだったからです。

バイオリンをはじめたのは4歳の頃でした。近所の子どもたちにバイオリンを教

アメリカにわたってレッスンを受ける五嶋さん。

えていたお母さんから指導を受けはじめ、みるみる上達。10歳のとき、さらに本格的なレッスンを受けるために、お母さんとともにアメリカにわたりました。

五嶋さんの特別な才能は、アメリカの専門家たちに高く評価されました。そして1年もたたないうちに、一流のオーケストラの公演にゲストとして出演し、おとなでもむずかしい曲をどうどうと弾きこなして、衝撃的なデビューをはたしたのです。

一躍、世界的な注目の的となった天才児、五嶋さんについて、20世紀の音楽界を代表する名指揮者として知られたレナード・バーンスタインさんは、

「もう、なんと言ったらいいのか……。ミドリの演奏を聴いたときには、おどろいて、ただ口をぽかんとあけていることしかできませんでした」

と語り、首をふりました。一流の音楽家がことばを失うほどの確かな技術と豊かな表現力が、少女だった五嶋さんには備わっていたのです。

「Ｍｉｄｏｒｉ」の名前は、クラシックファンなら知らない人はいないというほど知れわたりました。以来五嶋さんは、トップバイオリニストとして、世界の第一線で活躍し続けています。

＊＊＊

五嶋さんが出勤してきた仕事場は、南カリフォルニア大学のソーントン音楽学校。音楽教育の名門校です。五嶋さんがこの学校の主任教授として招かれたのは、32歳のときですが、これは異例の若さでの抜擢でした。

学校内の自分の部屋に入ると、五嶋さんがけっして欠かさない、毎日の日課である大切な作業がはじまります。

■ バイオリンってどんな楽器？

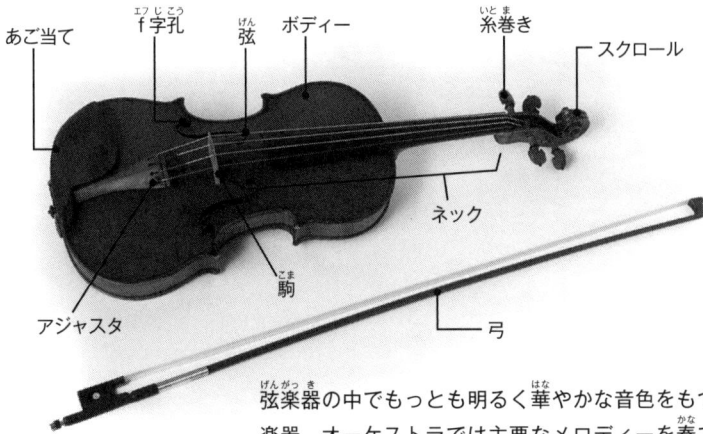

弦楽器の中でもっとも明るく華やかな音色をもつ楽器。オーケストラでは主要なメロディーを奏でることが多く、中心的な役割を担う。

バイオリンをケースからとりだしてはじめたのは、音階練習です。

ゆっくりと弓をひいて、一つひとつの音を長くのばし、音階をなんども往復します。初心者でもおこなう基礎的な練習ですが、これをなまけるとすぐに演奏の腕が落ちるのだと五嶋さんは言います。この練習で筋肉をほぐしながら、指先から肩まで、自分の体のようすをしっかりと確認していきます。

そして、重要なのが耳。音階を弾きながら音を細かくふるわせたり、大きくゆらしたり、高くしたり、低くしたりと、少しずつ変化させることで、聴覚を刺激

朝９時のレッスンの前に、ゆっくり１時間かけて音合わせをする。

します。ほんのわずかな音色のちがいも聴き分けられるように、感覚をとぎすますのです。

目を閉じ、肩とほおとのあいだにはさみこんだバイオリンに、全身をかたむけるようにして音を探っている五嶋さんのようすは、精密機械の調整作業をしているかのようです。毎日1時間ほどかけてじっくりおこなうこの基礎練習で、演奏に必要な感覚の状態を確認し、きたえているのです。

学生のレッスンを見る時間になりました。五嶋さんの部屋に入ってきたのは、ケネスさんという男子学生です。

レッスンを受けるのは、きびしい入学試

験をとおった学生たち。五嶋さんは、彼らに演奏家として必要なことを教えこんでいきます。

課題になっている曲を弾いていたケネスさんに、五嶋さんがたずねました。

「この部分の内面的にあるものは何かわかる？　その魂を探るのよ。つねにその気持ちをもってね」

五嶋さんが重視するのは、ミスをしない演奏法やテクニックではありません。演奏者が曲をどう感じ、どう語るか。つまり、自分なりに曲を解釈し、それにふさわしい表現をするということです。五嶋さんは続けました。

「音楽をストーリーだと思って。そして、そのストーリーの語り方には、もっと変化があっていいのよ。こたえを必要としない問いかけでもいいし、ささやきでも、すすり泣きでもいい。ストーリーの語り口にもう少し変化をもたせましょう」

ケネスさんは、もう一度弾きはじめました。さっきの演奏より、ゆったりとやわらかな表現です。五嶋さんは、その演奏の波にあわせて体をゆらしながら聴いています。

自分と向き合う

五嶋さんは、バイオリニストとして、「自分と向き合う」ということを、とても大切に考えています。

音楽に対して、演奏家がどのように反応し、表現するか。それは、ほかの人から指示されたり教えられたりするものではありません。自分の中に何があるのかをよく知り、そこからとりだすもの。

そのためには、自分とことん向き合わなくてはなりません。そうすることで、はじめて、その人だけの本物の演奏、「自分の音」が生まれてきます。

自分の音を探すのに近道はない、と言う五嶋さん。

学校の仕事を終えた深夜の12時すぎ、五嶋さんはバイオリンを手にとりました。弾きはじめたのは、3週間後に日本公演で演奏することになっている、メンデルスゾーンの『バイオリン協奏曲ホ短調作品64』。

これまでに数えきれないほど演奏してきた曲です。でも五嶋さんは、まるではじめて弾く曲であるかのように、なんどもなんども同じフレーズを弾き直します。目を閉じて、軽く眉根を寄せ、手探りするように、そのフレーズに微妙な変化を加えてためします。

いまの「自分の音」を探しているのです。

すでに高い評価を得ているにもかかわらず、自分を追いつめるように修正をくり返すのはいったいなぜなのでしょう。

「小説でも、読むときが変わると、感じ方が変わるということがあると思いますが、音楽も同じです。曲の感じ方、解釈は変わっていきます。そうすると、いろいろなことが見えてきます。聴こえ方もちがってくる。当然、だす音も変わります。生きているから変わるのです。演奏をするということは、まさに生きているということ。生きているので、同じ曲もそのときどきで演奏が変わっていくのです」

つねに、自分の中にある新しい何かの存在を探り続けること。それが、五嶋さんにとっての演奏であり、生きるということなのです。

五嶋さんが、公演のために来日しました。

この公演で共演するのは、ヨーロッパでも有数の伝統を誇る、ライプツィヒ・ゲヴァントハウス管弦楽団。指揮者は、現代最高の指揮者のひとりといわれる、リッカルド・シャイーさん。ていねいに音をコントロールする完璧主義者です。

五嶋さんがバイオリンを手に、シャイーさんとの打ち合わせに向かいました。今回の演目であるバイオリン協奏曲は、五嶋さんがひとりで弾く曲ではなくオーケストラといっしょに演奏する曲なので、指揮者であるシャイーさんが、曲全体をどのようにまとめようと考えているか知っておく必要があるのです。にこやかにあいさつをかわしながら、手際よくバイオリンの音の調子をととのえると、五嶋さんはすぐに、公演で演奏する協奏曲の冒頭部分を弾きはじめました。

音楽の解釈は、人によってさまざまです。プロの指揮者でも、一人ひとりちがう好みや考え方をもっています。五嶋さんは、短いリハーサル内で、指揮者それぞれの解釈を理解し、めざす音楽を探っていくのです。

シャイーさんは、五嶋さんの演奏を聴いてときどきストップをかけ、楽譜を指さしながら、いろいろなリクエストをだします。
「ここはもう少し強弱をつけて欲しい」
「ここは、もっとどんどん強くしていって。オーケストラにうもれてしまわないようにね」
五嶋さんはまたたくまにシャイーさんの要望を理解し、演奏を変えていきます。
「OK、すばらしい」
シャイーさんが顔をほころばせます。そして、
「しばらく、自由に弾いてみてくれないかな」
と、五嶋さんに言いました。五嶋さんは、ゆったりとしたパートを、おおらかに美しく弾きはじめます。
「いいね、そう。急がないで、ゆっくりとね」
満足そうにそのパートに聞き入るシャイーさん。演奏がひと区切りすると、
「すばらしい。ミドリはテンポが統一されているから好きだ。テンポがころころ変わるということがない」

そう言って、笑顔を見せました。五嶋さんも、
「ええ、だいじょうぶ。最後までテンポは保ちます」
と笑顔で返し、この日の打ち合わせは終わりました。

本番の日。
五嶋さんは丹念な最終リハーサルをおこないました。リハーサルは問題なく終了。
ところが五嶋さんは、リハーサルが終わっても、バイオリンを弾くのをやめようとしません。オーケストラがひき上げて、会場のスタッフがステージの整備をはじめても、会場にのこって弾き続けています。見かねたスタッフが、
「もう時間ですよ」
と声をかけると、軽くうなずきますが、ステージをゆっくり歩きながら、やはりずっと弾いています。ときどき立ち止まり、自分の音に耳をかたむけ、要所を確認するような表情です。そして、バイオリンを弾きながら、ゆっくりゆっくりひかえ室のほうへと歩いて行きました。

本番3分前。

ひかえ室からでてきた五嶋さんは、やはりバイオリンを弾いていました。舞台のそでまで弾き続け、指揮者のシャイーさんに、

「行きましょう」

とうながされるまで、弓を動かすことをやめませんでした。

五嶋さんは、本番ぎりぎりまでこうしてひたむきに音と向き合います。そうやってめざすのは、たったひとつのこと。

素直に、ただ素直に

五嶋さんは、素直に演奏したい、と話します。

「音というのは、とても素直に、演奏する人の

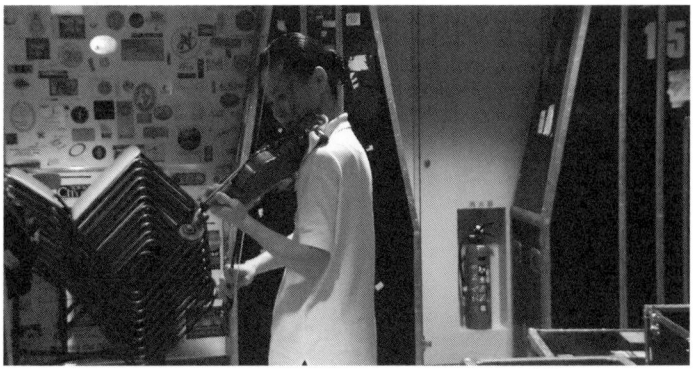

リハーサルが終わっても、本番ぎりぎりまで音と向き合う五嶋さん。

経験、心境などを反映します。わたしの弾く音は、わたし自身です。人間なのでいろいろな欲などもありますが、それを見つめて、できれば手ばなして。そして、ただ素直に弾きたい。そのための努力をしたいと思います」

自分を見つめて素直に音と向き合う。澄みきった心で、五嶋さんはステージに上がります。

本番のステージにはすでにオーケストラが着席しています。そこに、花の刺繍の入ったクリーム色のロングドレスの五嶋さんが、シャイーさんといっしょにでてきます。ステージ中央でにこやかに一礼すると、会場から拍手がおこり、その後、しんと静まりました。

会場中の視線が、五嶋さんに集まります。

シャイーさんの指揮に呼吸をあわせて、五嶋さんは格調高く最初の一音を弾きだし、もの悲しい旋律を奏ではじめました。

曲調の波にゆられるようにのび上がり、かがみこみ、全身をつかって演奏する五

2000人のお客さんから拍手を受ける五嶋さん。

嶋さん。ほっそりした体からでてくるとは思えないほどはげしい音。泣いているような切ない音。やわらかくやさしい音。そのすべての音が、五嶋さん自身です。

五嶋さんは、向き合い続け、さぐってきた自分の中にある音を、バイオリンをとおして解放しているのです。満員の会場のすみずみにまで、五嶋さんの音がひびき、しみわたります。

五嶋さんが、協奏曲の最後の音を弾き終え弓を弦からさっと上げると、大きな拍手がわきおこりました。次第に歓声もまじり、その拍手は5分以上鳴りやみませんでした。

絶望と希望が育んだ音

天才少女から、世界を代表する演奏家へ。五嶋さんの経歴は、ひとつのくもりもない輝かしいもののように見えますが、そんな五嶋さんにも、とてもつらい時期がありました。

あざやかに音楽界にデビューしてから10年ほどたった22歳の頃、突然、心と体の調子をくずしてしまったのです。ずっと二人三脚でささえてくれたお母さんに対して、急に反抗的になったり、何も言わずにだまり続けていたり、食事をいっさいとらなくなったり。

くだされた診断は、うつ病と拒食症でした。11歳の頃から練習と演奏会に追われ、すべての時間をバイオリンのためにつかう毎日に、まだ若い五嶋さんは余裕をなくし、すっかりすりへってしまっていたのです。その当時のことを、五嶋さんはこんなふうに語っています。

「悩むとかじゃなくて、もう、わけがわからない。ただ、悲しみがいつも、ずっと回転しているんです」

自分自身にも、家族にも、どうすることもできず、五嶋さんは緊急入院することになりました。バイオリンはいっさい禁止。そして、その入院は3か月の長期におよびました。

じょじょに回復した五嶋さんは、やがて再び演奏できるようになっていきました。しかし、その過程で、五嶋さんは自分のこれまでのことをふりかえり、ある決断をします。それは、音楽以外の自分の世界を広げるということでした。

五嶋さんは、23歳でニューヨーク大学に入学しました。ニューヨーク大学は音楽の専門大学ではなく、一般の大学です。専攻したのは心理学。

はじめてふれる学問。そして、クラシック音楽を聴いたこともない友人たちとの交流。五嶋さんには、何もかもが新鮮でした。

五嶋さんは、大学にかようことを楽しみました。カフェでコーヒーを飲みながらぶ厚い専門書を広げ、友だちとおしゃべりをし、学生という気分を満喫します。そんな大学生活を通じて、知りたいことがどんどん広がっていきました。いろいろな夢がふくらんでいきました。

そして、それにともなうように、自分の弾くバイオリンの音色が次第に豊かになっていくことを、五嶋さんは感じていました。

楽しみも苦しみも、すべて音になる

五嶋さんはこの経験をへて、演奏活動と並行して、教育や社会貢献活動に熱心に取り組むようになりました。子どもたちがさまざまな楽器の指導を受けられるプログラムをつくったり、地域住民のためのコミュニティー・コンサートを開いたり。こうした活動はいまも続いており、五嶋さん自身も積極的にボランティアでの指導や演奏に出向きます。

アメリカ西部のある田舎町では、地元の室内管弦楽団と共演しました。メンバーはほとんどが地元の高校生です。五嶋さんは、公演前の練習で彼らにわかりやすくアドバイスをします。

「いまのフレーズ、ターターターターという感じだったけれど、パンパンパンと歯切れよくできるかしら。もっと元気よくしましょう」

五嶋さんから直接指導を受ける高校生たちは、緊張しながらも目をきらきらさせています。

練習や演奏会に追われる五嶋さんのいそがしさは、病気になる前といまとで、変わりはありません。それでも五嶋さんは、あえてこのような社会活動をおこなうことで、それを刺激として「自分の音楽」を生みだしています。

練習のあとに、学生たちから五嶋さんにいろいろな質問がでました。五嶋さんは一つひとつにていねいにこたえます。そして、音楽に対する自分の考えについて、こんなふうに語りました。

「わたしは、何を学んでも、どんな分野の教育を受けても、すべては自分のものになると考えています。素直な心でいればたくさんのことが学べます。バイオリンを弾くということは、音符を勉強してリズムどおりに弾けばいいということではありません。バイオリニストの仕事は、プロの音楽家の仕事は、ただ楽器を演奏することではないのです。曲を演奏する以上のものが求められるのです」

曲を演奏する以上の何か。

五嶋さんは、それを模索し続けています。

✳音楽とは何か

公演で来日した五嶋さんは、特別な思いを胸に、ある打ち合わせにのぞんでいました。なんとしても成功させたい公演があったのです。

それは、障がいのある子どもたちとの共演です。五嶋さんは以前から、日本の養護学校などで楽器演奏の指導をする活動をおこなってきていました。今回は、五嶋さんが出演するコンサートのプレコンサートで、3つの学校の知的障がいや身体障がいがある中学生や高校生たちといっしょに、45分前後演奏をするという企画です。

五嶋さんが一般の人といっしょに演奏する試みは、はじめてのものではありませんでしたが、これが日本を代表するクラシック専門のコンサートホールでおこなわれるということから、音楽界に波紋が広がっていました。五嶋さん自身も、これが前代未聞の試みであることは自覚しています。

この企画について、ある音楽評論家は五嶋さんにこんな質問をしました。

「クラシック音楽のファンの中には、演奏のクオリティーを絶対視している人も多いと思いますが、五嶋さん自身は、今回の企画の意義をどのようにお考えなのでしょうか」

五嶋さんは、真っすぐに相手の目を見つめてこたえます。

「『音楽ってどういうものだろう』ということを考える機会になるのではないかと思うのです。人それぞれちがうこたえがあるだろうと思いますが、何かのきっかけで、それまでとちがうこたえがでてくることもあるかもしれない。これは、いろいろな音楽に対するアイデアの提示です。『本当の音楽とは何か』ということへの、いろいろなこたえがでてくる機会につながったらいいな、と思っています」

五嶋さんは、この企画をとおして「音楽とは何か」という問いに、あらためて真正面から向き合おうとしていたのです。

準備期間は半年間。五嶋さんと生徒たちの挑戦がはじまりました。

打ち合わせから3か月後。生徒たちとの練習のために五嶋さんが来日しました。共演する学校のひとつ、横浜国立大学教育学部附属特別支援学校を訪れると、拍手でむかえられました。五嶋さんは笑顔で自己紹介をします。

「わたしは、五嶋みどりです。バイオリンを演奏しています。こちらの学校には、以前にも何回かきたことがあります。みなさんが10月のコンサートに向けて練習するビデオなども、見せてもらいました。今日はとても楽しみにしています」

さっそく、練習がはじまりました。曲は、チャイコフスキーの『くるみ割り人形』。それぞれ担当の楽器を練習する生徒たちを、五嶋さんがひとりずつ見て回ります。ピアノを弾く女子生徒のとなりに寄りそって楽譜を指さし、

「ここは、もう少し速くかな。タッタッタ」

と、リズムを口ずさみ、手で拍子をとりました。生徒は、五嶋さんのとるリズムにあわせて弾き直します。

ピアノの女子生徒の音を聴く五嶋さん。

「そうそう、いまの感じ」

次は、バイオリンの生徒です。

「いま、どこを弾いているの？」

譜面を確認して演奏を聴きます。いろいろな楽器の音が入りまじる中で、生徒たちの演奏はまだおぼつかない状態ですが、それぞれ集中して一生懸命に取り組んでいました。五嶋さんは、やさしく見守り、声をかけます。

「もう1回、やってみよう」

その1週間後、五嶋さんは、次の学校を訪ねました。筑波大学附属桐が丘特別支援学校。手足などが不自由な生徒たちの学校です。

この学校の生徒たちは、学校の先生が作曲したオリジナル曲に取り組んでいました。手足の機能が十分でないためにあつかえる楽器が少なく、一般向けにつくられた曲の演奏をすることはむずかしいからです。

ただ、オリジナル曲なのでお手本もなく、完成形が見えません。生徒たちは苦戦していました。

五嶋さんに曲の雰囲気をつかんでもらうために、生徒たちがひととおり演奏をしてみることになりました。しかし、それぞれの楽器のリズムも音もばらばらでまとまらず、7分ある曲のうちのわずか30秒ほどで演奏が止まってしまいます。なんどやってみても同じところで止まってしまい、演奏は続きませんでした。指導している先生も途方に暮れています。

でも、五嶋さんはだまって生徒たちの演奏に耳をかたむけていました。五嶋さんには、その切れ切れの心細い演奏の中に、聞こえている音がありました。

（とても素直な音がしている。とても素直で純粋な音。この子たちの演奏は、ここ

五嶋さんのやさしい音が、生徒たちの音を導いていく。

からどこへ行けるのかしら。どんな音楽に向かっていくのだろう）

五嶋さんが、バイオリンを手に立ち上がりました。

「五嶋さんがいっしょに入ってくれます。皆さん、もう一度はじめから」

五嶋さんが加わって、演奏がはじまりました。

五嶋さんは、自分の音で生徒たちを導いていきます。生徒たちは、一生懸命そのリードについていきます。

すると、いくつかの楽器の音がしっかりと定まりはじめ、少しずつ曲の姿が見えてきました。五嶋さんのささえで、生徒たちの音がひきだされはじめたのです。そして気がつけば、演奏はさっきまで止まってしまっていた30秒を超えて、長く続いていました。

「はい、ＯＫです！」

先生がおどろいたような、でもうれしそうな声を上げました。そして、ホワイトボードに何小節かの楽譜をはりだします。

「それでは新しいこともやってみましょう。曲の続きの楽譜です」

この曲の最終パートの楽譜。この部分に全員で挑戦することになりました。

先生の声にあわせて、手拍子や打楽器でリズムをとり、譜面をおぼえていきます。練習をしている体育館にひびく、たくさんの音。新しい挑戦に、生徒たちの表情が変わってきました。

笑顔です。自然に元気な声もでてきます。

指が自由に動かない手でたたく太鼓、車いすのままで弾く木琴……。

音はかんたんにはだせません。でも、その音には喜びがあふれていました。

そこに、音楽が生まれていたのです。

いまこそ、奏でたい音

生徒たちのひたむきに努力する姿を見て、五嶋さんは、あらためてその音の中に、一人ひとりの思いがあらわれていることを感じていました。その音にこもる一生懸命で純粋なエネルギーにふれて、五嶋さんはいろいろなことを考えます。そして、それが五嶋さんの音にも反映されていくのです。

練習の最後、生徒たちが五嶋さんに感想を言う時間が設けられました。積極的に手があがります。

「今日はいっしょに演奏ができて楽しかったです。ありがとうございました」

と、キーボードの少年。

「今日はいっしょに演奏ができたので、気合いが入っちゃって、手にまめができそうです。もっと練習して、本番ではもうちょっとがんばりたいと思いますので、どうかよろしくお願いします」

と言うのは、太鼓の少女。

「今日は、めったにかかない汗をたくさんかきました。今日の練習はとてもよい勉強になりました。ありがとうございました」

と顔を上気させて話すのは、木琴の少女。

どの生徒も、楽しそうな生き生きと美しい表情です。五嶋さんは、一人ひとりの感想をほほ笑みながら聞いています。

「音楽とは何か」

あの問いへのこたえに、少しずつ近づいているのかもしれません。

五嶋さんは、3校目の共演校、麻生養護学校にも行きました。

ほおの下にバイオリンをはさんではなそうとしない生徒に声をかけます。

「バイオリンは好きですか？」

生徒ははっきりことばではこたえませんが、バイオリンをギュッギュッギュッと鳴らしました。つきそっていた指導の先生が、

「好きなんです。弾いているときはずっと笑顔です」

と説明します。五嶋さんは、生徒の目をのぞきこむようにして、

「じゃあ、自分の好きな音がでるように、練習してくださいね。がんばってくださいね。続けてね」

と語りかけました。

それは、どこか祈りのようにも聞こえることばでした。

演奏会の本番の日がやってきました。

舞台袖に集まった生徒たちに、五嶋さんが

「行きましょう」

と声をかけ、舞台へと導いていきます。長年の伝統を誇るコンサートホールのステージに生徒たちが並びました。客席には駐日アメリカ大使夫妻の姿も見え、温かい拍手が送られます。

五嶋さんと生徒たちの演奏がはじまりました。

どの生徒も無心に自分の楽器を演奏しています。その演奏は、夏の練習のときに

くらべると見ちがえるようです。きっとたくさん練習をして、今日のために努力をしたのでしょう。

五嶋さんは、おだやかな表情でその音の中に身をおき、耳を澄ませるようにバイオリンを弾いていました。

五嶋さんは、いままさに音楽と向き合っています。

そして、これからも向き合い続けます。音楽とは何かを知るために。そして、自分の音をきわめるために。

そのひたむきな歩みに、終わりはありません。

プロフェッショナルとは

感情(かんじょう)にふり回されず、
仕事といわれるもの、
あたえられた仕事、自分で選んだ仕事、
そしていただいた仕事に向かって、
情熱(じょうねつ)を注ぐことだと思います。

第243回2014年11月3日放送

こんなところがプロフェッショナル！

世界中から演奏依頼が絶えない五嶋みどりさん。こんなところがすごいよ！

ひたすら音に向き合う

演奏会の最終リハーサルが終了してもバイオリンを弾き続ける五嶋さん。着がえをして演奏前にひかえ室からでてきても、ずっと弾き続けていることもあります。たとえ本番3分前でも、ぎりぎりまで自分の音を確かめるのです。

バイオリンはグァルネリ・デル・ジェス

五嶋さんが愛用しているバイオリンは、およそ300年前につくられたグァルネリ・デル・ジェスという名器。毎日欠かさず弾き続けるため、ネックの部分には革のパッチがはられています。

楽器と楽譜は自分でもって移動する

世界を飛び回る五嶋さん。飛行機に乗るときに、スーツケースは預けますが、楽器と楽譜の入ったかばんだけは必ず機内にもちこむそうです。万が一、預けた荷物が紛失しても演奏できるよう、つね日頃から備えているのです。

愛用の弓はおよそ200年前のもの

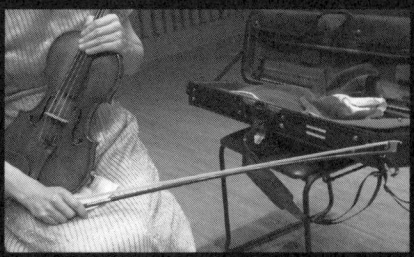

五嶋さんが愛用している弓は、およそ200年前にフランス人のドミニク・ペカットによってつくられた貴重なもの。五嶋さんのこだわりは、ひとつの弓ばかりつかい続けず、ふたつの弓を交互につかって、必ず弓を休ませること。こうすることで、弓のもつバネが保たれるそうです。

プロフェッショナルの格言

偉大なバイオリニスト、五嶋みどりさんのことばを心にきざもう。

必要なのはテクニックではない

大学で五嶋さんが学生に教えるのは、ミスをしないためのテクニックではありません。みずからがその曲をどう感じ、どう語るか。伝えたいのは、自分とことん向き合って、自分の音を探しだし、演奏することです。

素直に、ただ素直に

音は、弾いている人の心境や経験をとても素直に反映します。音そのものが自分自身。素直に演奏し、素直に努力する。人は欲が多いけれど、それを自分で見つめて、できればそれを手ばなして演奏したい、と語ります。

素直な心でたくさんのことを学ぶ

「何を学んでも、どんな分野の教育を受けても、すべては自分のものになります。素直な心でいれば、たくさんのことが学べると思います」つねに素直な心で音楽に向き合っている五嶋さんです。

果てなき芸道、真（まこと）の花を

狂言師（きょうげんし）

野村萬斎（のむらまんさい）

600年におよぶ伝統を誇る古典芸能、狂言。
古い形式を受け継ぎながら、人間の喜怒哀楽を笑いの中に表現し、
21世紀のわたしたちも楽しませてくれる喜劇である。
この狂言の世界に、年間300という舞台をつとめる人気狂言師がいる。
華のある演技で観客をひきつけるが、その基本は地道に身につけた「型」。
狂言の家に生まれ、「型」をたたきこまれて狂言師となったが、
つねにいだく疑問がある。
「なぜ、狂言をやらなければならないのか?」
宿命に悩み、苦しみながら、定められた道を歩む。
真価を問われる50代を前に、むずかしい演目に挑むことを決断する狂言師。
宿命の舞台に自分の世界をつくり上げ、
「狂言をやらなければならない理由」を、そこに見いだすことができるだろうか。

✳本気の狂言師

夜の稽古場に、はりのある声がひびいています。

ややうす暗い稽古場に、ひとり着物で正座をしているのは、姿勢の美しい男性。上から吊られたように真っすぐのびた背すじがきわだっています。

狂言師、野村萬斎さん。すらりとした体形に、どことなく謎めいた表情、そして、よくとおる声とダイナミックな演技が人をひきつける花形狂言師です。

多忙な毎日をすごす萬斎さんの稽古は、日中の仕事を終えて落ち着いたあと、夜の9時すぎです。この時間は、お弟子さんでさえも立ち入ることができない特別な時間。ひとりで稽古場にこもります。

目を閉じて台詞を暗唱していた萬斎さんが、ふと目をあけて、

「ちがうな……」

と首をふりました。そしてまた同じ台詞を試みます。

こうして、なんどもなんども納得いくまで台詞を言い直し、体にしみこませてい

稽古場で納得のいくまで台詞を言う萬斎さん。

くのです。手元におかれた台詞を書いた原稿用紙には、細かい赤字の書きこみがびっしりと入っていました。

台詞の表現に徹底的にこだわる萬斎さん。どんな思いがあるのでしょうか。

「たとえば発音ですね。口をあまり開かないでもぐもぐ言うと、いかにも古典らしく、じょうずそうに聞こえます。でも、何を言っているのかよくわからない。それを、しっかり口をあけて、息の音をうまくつかってはっきり発音する。そうすると、古いことばではあっても案外ちゃんと伝わるんですよ」

古典芸能でありながら、1年に300回近くおこなう公演がつねに満席という萬斎さんの人気の秘密は、こうしたくふうの積み重ねにあるのかもしれません。

笑いの芸能

狂言は、日本の伝統的な演劇です。いまからおよそ600年前の室町時代に、いまのような形が完成したといわれ、現在は260ほどの演目が伝わっています。

昔の演劇というとむずかしいもののようですが、狂言は、どこにでもいるあたりまえの人々を主人公に、暮らしの中でおきるできごとをおもしろおかしく表現した、親しみやすい笑いの芸術です。

登場人物はたいてい少人数です。たとえば、少しえらい主人とその主人につかえる召しつかい太郎冠者。なまけたりずるをしようとしたりする太郎冠者と、まじめに働かせたい主人とのかけひきのおもしろさは、狂言の笑いの定番です。

狂言は、縦横6メートルほどの正方形の舞台でおこなわれます。舞台の上には、基本的には何もおかれません。演者である狂言師は、装束という和服の衣装を身につけますが、お化粧をしたり、かつらをつけたりはしません。小道具類もほとんどつかわず、扇をいろいろなものに見立ててつかいます。

狂言という演劇の形式はとてもシンプル。だから、身ひとつの演技でどれだけ観客の想像力をかき立てられるかが、狂言師の腕の見せどころになるのです。

野村家は、代々、狂言師の家です。狂言には、室町時代から続く、大蔵流と和泉流というふたつの流派がありますが、野村家は和泉流に属する一門。萬斎さんの名前は、ひいおじいさんが隠居してから名乗った名前を継いだものです。

引き継がれるのは、名前だけではありません。野村家では、顔も知らない大昔

写真：国立能楽堂

狂言の舞台。正面には松の木がえがかれ、ななめ後方には廊下がある。

の先祖から、254演目の狂言を伝えてきました。萬斎さんはそれらを受け継いで、さらに次の世代へと引き継ぐため、日々修業にはげんでいます。

萬斎さんが、広島県宮島の厳島神社を訪れました。

この神社の「海に浮かぶ能舞台」として有名な舞台で、神様に狂言を奉納するためです。絶えず水の音が聞こえる社殿の廊下を歩きながら、

「お、だいぶ潮が満ちてきている」

と、社殿の外に広がる海を楽しそうに眺めていた萬斎さん。しかし、お祓いを受けて身を清め、装束を身につけはじめると、次第に表情が変わっていきました。空中の一点をじっと見つめる目つきがするどくなります。周囲の空気も、その緊張につられるようにはりつめていきました。

会場につめかけた観客は600人あまり。夜7時半、舞台がはじまりました。軽く腰を落とし、足の裏をゆかにするような狂言独特の足運びで、するりするりと萬斎さんたち演者が舞台にでてきます。

この日の演目は『棒縛』。

狂言の中でも、とくに人気のある演目のひとつです。いつも、主人の留守中に主人のお酒を飲んでしまう太郎冠者と次郎冠者。そこで主人は、お酒を盗み飲みされないように、太郎冠者の腕を棒にしばりつけ、次郎冠者の手を背中にしばってでかけて行きます。しかし、太郎冠者と次郎冠者は、しばりつけられたままでもどうにかお酒を飲もうとしてさわぎをひきおこす、というストーリーです。

萬斎さんは、次郎冠者を演じます。相棒の太郎冠者は、お父さんであり師匠である野村万作さん。ふたりの息の合ったかけ合いで舞台は進んでいきます。

演目中盤。万作さん演じる太郎冠者は、いろいろなくふうの末、みごと大きな器にお酒をくむことに成功しました。ところが腕を棒にしばりつけられているので、器を口元にもっていくことができません。

「これは、飲まれん（これでは、飲めないぞ）」

やっと気づいたというような太郎冠者のびっくり顔に、客席から笑いがもれます。

「それならば、身どもに飲ませておくりゃれ（それなら、わたしに飲ませてください）」

すかさず、とぼけた表情で提案する萬斎さんの次郎冠者。そこで、太郎冠者が棒にしばりつけられたままの手で、器を次郎冠者に差しだします。その器に顔を伏せた次郎冠者は、おいしそうな音を立ててお酒を飲みました。実際には器の中は空ですが、萬斎さんは本当にお酒が入っているかのような、みごとな飲みぶりです。

こんどは自分の番だと、太郎冠者が、次郎冠者の背中でしばられた手に、お酒の器をもたせました。そしてその器に顔を伏せ、やはりごくごくとお酒を飲みます。夢中になって飲む太郎冠者が器をおすのでしょうか、次郎冠者は背中を反らしてバランスをやっと保ちながら、

「こぼすな、こぼすな」

と、声をかけます。

会場からは、どっと笑いと拍手がおきました。

ふたりのおかしな酒盛りは続き、観客からは次々に笑いがおこります。

しかし、萬斎さんは、「笑いをとる」ということばをきらいます。笑いの芸術で

師匠の野村万作さんと演じる『棒縛』の舞台。

ある狂言を演じる萬斎さんが、なぜ「笑いをとる」ことに否定的なのでしょうか。

本気の先に、笑いがある

それが狂言師としての萬斎さんの流儀です。

「ただたんに、おかしいことをやって人を笑わせるというのではなくて、人間の本質を表現したいんです。人間、どんなに必死にまじめに生きているつもりでも、こうなっちゃうことがあるよね、という、そういうおかしみ。それを表現するためには、ふざけない、おちゃらけないほうがいい。やっぱり本気でやることです。舞台の上で、人間として生きるということです」

海に浮かぶ厳島神社の舞台の上で、萬斎さんの一生懸命生きる次郎冠者が、躍動していました。

✳長い年月でとぎ澄まされた型

萬斎さんの舞台には、観客をひきつける独特の華があります。そして、豊かな喜怒哀楽の表現。それらはすべて、長い歳月をかけて狂言がつくり上げてきた「型」とよばれる技に裏打ちされています。

たとえば、萬斎さんが得意とする型のひとつ、「烏飛び」。高くジャンプして、空中で両足をそろえて曲げると、一瞬、空中で静止して浮いているように見えます。その美しさは萬斎さんならではのもの。いったい、どんなくふうがあるのでしょう。

「空中で凝縮するということですね。バレエダンサーのように、空中でふわーっとのびて浮くのではなくて、上半身に力をためて凝縮させる。体がぎゅっと固まって、そのまま落ちる」

萬斎さんの「烏飛び」。空中で上体がまったくぶれない。

空中でぴたっと姿勢をかため、すとんと着地する萬斎さんの烏飛びは、まるで手品のようです。軽々とやってのけるのは、その型が身にしみついているからでしょう。しかし狂言は、型を習得すれば終わりというものではない、と萬斎さんは言います。

型と個性

「型をつかってそのまま演じても十分おもしろい。600年以上の伝統のすごいところで、型がとぎ澄まされているから、いってみれば、自動的におもしろくなるんです。ある程度までは。でも、それをどうつかってお客様にお見せするかというくふうは手動。演者自身の経験から得たものなどが作用するわけですね」

教えられた型をただ守るのではなく、その型をどう解釈して表現するかが、狂言師の個性になるのです。

萬斎さんの個性は、たとえば、お酒を飲むという型によくあらわれています。一気にお酒を飲みほして、舌でトントンと音を立て「舌鼓」を打つ、というのがこの型の基本。萬斎さんはこの舌鼓に、長年の経験から考えだしたくふうをしています。

「この舌鼓を、お酒の糖度、甘みやとろみを舌にまったりと感じている、という表現にしたいわけです。それを舌の先のほうで鳴らすと、トントンと軽いさっぱりした音で、ちょっと糖度が低い感じがする。だから舌の先ではなく、なるべく舌の奥のほうで鳴らすと、もう少しまったりしたトロントロンというような音がするんです」

そうしたくふうをこらした萬斎さんのお酒を飲む型は、「お酒の香りが匂い立つ」と言われるほどのもの。伝えられた型を守りながら、その型を超えて、萬斎さんの独自の演技となっているのです。

そんな萬斎さんの目標は、お父さんであり師匠である野村万作さんです。

万作さんは、80年にわたって狂言を演じ続け、日本の伝統芸能の宝とたたえられるベテラン狂言師。日本の芸術において価値の高い技をもつ人として、人間国宝にも認定されています。

万作さんの細やかで情感豊かな表現は、型を守りながら、型から解きはなたれた自由さがあると評されます。80年、型をみがき続け、独自の境地を切り開いてきた万作さんの目に、萬斎さんの芸はどう映っているのでしょうか。万作さんは、こんなふうに話します。

「独自のものが少しずつでてきましたね。親であるわたしの立場からすれば、自分が教えていないことをやりはじめたな、と感じます。あいつになんか負けるもんか、という気持ちにもなります。わたしが若い頃、わたしの父が『息子がライバルになった』と言ったことがあるのですが、なるほど、そういう表現もあり得るなと、いまは思いますね。ライバルになったというのは、最高のほめことばでもありますが、父はそのライバルという表現に、わたしに対する批判もふくめていただろうと思うんですよ」

そう言って、ちょっとふくみ笑いをする万作さん。万作さんにも、萬斎さんへのライバル心——批判をふくめたライバル心——があるようです。

親から子へ型を受け継ぎ、子は親の型を超えていく。そのくり返しが、狂言という芸能をみがき上げてきたのです。

✳宿命を生きる

萬斎さんが、きびしい顔つきで大声をだしています。正座をする萬斎さんと向き合って、やはり正座をしているのは、萬斎さんの長男、裕基さん。萬斎さんが裕基さんに稽古をつけているのです。

「用心『の』召され……」

裕基さんの台詞を、萬斎さんがさえぎりました。

「『を』です。『の』となることはない！　もういっぺん、その前からやれ」

「ひらに用心を『せい』……」

「『せい』って言ったら、お前のほうがえらくなっちゃうんだよ。『召され』だ」

ふだんは淡々とした雰囲気の萬斎さんですが、裕基さんの稽古になると人が変わったようになります。強くはげしい口調、容赦のないきびしいことばが飛びだします。

狂言は、父から子へ「口伝」という方法で代々受け継がれてきました。口伝とは、話して伝えること。台本はあっても、台詞の言い方や表現のこつは、こうして向き合って、師匠であるお父さんから、弟子である息子へと教えられてきたのです。

「ひらに用心を召され……」

「はい。それをもっと、力強く言ってくださいよ」

まだ10代半ばの裕基さんには、狂言の台詞である昔のことばを正確におぼえてつかいこなすことは、かんたんではありません。しかし、萬斎さんは手加減しません。これは、狂言の家に生まれた男の子には避けることのできない道だからです。

正座をして向き合い稽古をする萬斎さんと息子の裕基さん。

萬斎さん自身も、その宿命の重みに苦しみ、おしつぶされそうになりながら戦い続けてきました。

萬斎さんは、１９６６年、狂言の名門野村家の長男として生まれました。

初舞台は３歳のとき。もの心がついたときには、すでに狂言師になるための英才教育がはじまっていました。

師匠は、おじいさんの万蔵さんとお父さんの万作さん。意味もわからないまま、「型」をたたきこまれ、おぼえが悪ければ、万作さんの扇が飛んできました。

できてあたりまえ。ほめられることなどめったにありません。

そんな毎日に、子ども心にひとつの疑問がわき上がってきました。

（どうして、ぼくは、狂言をやらなければならないの？）

でも、こわくて口にだしてたずねることはできませんでした。

学校では狂言の話を避け、ふつうの子としてふるまっていた萬斎さん。それでも、日常のふとした仕草などに、お父さんにしこまれた「型」があらわれることに気づきます。「型」は、いやおうなく自分の体にしみこんでいるのだと感じました。

ぼくは、狂言サイボーグ

その頃の苦しい気持ちを、萬斎さんは、いまもわすれられません。

「狂言というチップがうめこまれているみたいでね。自分の意思にかかわらず、狂言をプログラミングされている。そういうことへの反発がありました。父に対して、逆恨みというか、憎しみに近い感情もあった」

ふてくされながら稽古をこなしていた萬斎さんは、17歳のときに、狂言師の登竜門とされる舞台に立つことになりました。演目は『三番叟』。豊作を祈る舞を中心とした演目で、足拍子など多くの型が用いられます。

舞台に上がった萬斎さんは、このとき、体が勝手に動きだすような感覚をおぼえました。お父さんにたたきこまれた型が、内側から自分をつき動かしているような、説明のできない不思議な躍動感。はじめて狂言をおもしろいと思いました。じょじょに狂言への情熱が目覚めていきます。

ところが、22歳で壁につき当たりました。狂言の卒業論文ともいわれるむずかしい演目『釣狐』を演じることになったときのことです。

『釣狐』は、猟師に一族を殺されてしまった狐が、狩りをやめさせるために、人間に化けて猟師を説得しに行く、という怪しい雰囲気のある異色の作品。面をつけ、着ぐるみを着て、狐を演じます。

お父さんの万作さんはこの『釣狐』をくり返し演じていて、「狐役者」とよばれるほどの名人です。萬斎さんは、万作さんに教わった型を完璧におぼえ、舞台にのぞみました。

しかし、命をおびやかされる孤独な狐の心のさけびが、まったく表現できません。万作さんに教えられたとおりに演じているのに、何かがちがうのです。

型どおりに演じるだけでは到達できない領域があることを、萬斎さんは思い知らされました。

一生懸命演じようとすればするほど、狐が逃げて行くような気がしました。どうすれば、万作さんのような味わい深い狐が演じられるのか。

思い悩んだ萬斎さんは、万作さんの狐の稽古に立ち会わせてもらうことにしました。そして、万作さんの細かい動作の一つひとつに目をこらします。

そこで目にしたのは、狐の小さな仕草ひとつにも、新しいくふうを試みて悩む万作さんの姿でした。20回以上狐を演じて高い評価を得ても、納得せず、さらなる高みをめざしてもがき苦しんでいたのです。

この道には終わりがない。果てしない芸の道。

それが、自分自身も背負う宿命であることに気づき、萬斎さんはおそろしさを感じました。

37歳のとき、萬斎さんにわすれられないできごとがおこりました。

息子、裕基さんの3歳の初舞台のときのことです。演目は『靭猿』。猿つかいが、横暴な大名に大切に飼っている猿を殺せと命じられる、という物語。狂言の家の子どもは、この『靭猿』の猿の役で初舞台をふみます。

かつて、萬斎さん自身も3歳で猿を演じましたが、父となって、こんどは猿つかいの役です。

猿つかいが、猿を殺さなければならない事情を猿に話して聞かせる場面。猿の面をつけた小さな裕基さんが、萬斎さんを見上げています。その裕基さんに向かって、

「よう聞け。背に腹はかえられぬ。不憫には思えども、いま、汝を打つほどに……(よく聞け。つらいことだがしかたがない。かわいそうだとは思うが、これからおまえを殺すから……)」

と台詞を言う萬斎さんのほおを、ひと筋の涙が伝いました。舞台では流してはならないはずの涙。

息子に背負わせた宿命を思い、舞台で流してはならない涙を流す萬斎さん。

猿つかいは、かわいい猿にむごい運命を受け入れさせようとしています。その猿つかいの心情に、いままさに、我が子にけわしい宿命の道を歩ませようとしている、萬斎さんの複雑な気持ちが重なり、あふれでた涙でした。

（この子に、自分と同じ苦しい道を歩ませるのだ。その責任は重い。この子にとって、これは本当によいことなのか……）

その4年後。

7歳になった裕基さんに稽古をつけていたとき、萬斎さんはおそれていた質問を裕基さんからつきつけられました。

「どうしてぼくは、狂言をやらなければならないの？」

やはり、裕基さんは、萬斎さんと同じ苦しみを味わうようになっていたのです。萬斎さんはことばを失い、そして正直にこたえました。

「ぼくも、そう思っている」

宿命を、生きる力に変える

なぜ、狂言をやらなければならないのか。そのこたえについて、萬斎さんはこう話します。

「こたえは狂言をやらないかぎりでてきません。やり続けても永遠に見つからないかな。狂言師が、自分の存在の価値を証明するには、うめこまれた型をつかいきるしかありません。そうしないと、型を身につけさせられた過去のすべてがなりたたなくなる。そうならないためには、狂言の世界で戦い続けるしかないんです」

永遠の問いを胸に、見つからないかもしれないこたえを求めて、萬斎さんは今日も舞台に立ちます。生きている、自分という存在を証明するために。

✳無心の境地へ

48歳となった萬斎さんは、むずかしい舞台に挑むことを決心しました。

演目は『狸腹鼓』。野村家に代々伝わる254演目の中でももっともむずかしいもので、家を継ぐ者だけが師匠から教わることができる秘伝の狂言です。物語は、人間に化けた妊娠中の狸と、畑を荒らす狸を弓矢で射殺そうとする村人のお話。萬斎さんは狸を演じます。

装束の確認のために、萬斎さんが京都に出向きました。はおってみた特注の装束は、おなかのあたりが丸くふくらんでいます。人間に化けたときの狸の衣裳なのです。

「これをぱっと脱いで、狸の姿をあらわす、という演出なんですが……」

と、仕立屋さんに説明する萬斎さん。

実際の演技と同じ姿勢で、不具合がないか確認します。その熱心さからも、この舞台への意気ごみが感じられました。

萬斎さんが、48歳という年齢でこの究極の演目『狸腹鼓』に挑戦するのには、理由がありました。

体力だけをたよりに演技を続けていたら、いずれ限界がやってくる、という意識があったのです。そろそろ年齢を重ねてこその味わい深い演技をめざしていこう、と思うようになっていました。

その転換期にむずかしい演目に挑むことは、自分と向き合い、実力を確認するチャンスになります。

実は、萬斎さんの『狸腹鼓』への挑戦は2度目です。8年前に一度演じたことがあり、そのときは、万作さんから教えられた型をそのままなぞるだけで精いっぱいでした。今回は、どれだけ自分の世界をつくりだせるのでしょう。師匠である万作さんは、萬斎さんの2度目の挑戦について、こう話します。

「狸の心を考えれば、奥深いものがでてくるのではないでしょうか。それも頭で考えるのではなく、体で考える。役者としての体が、役の心を考えさせてくれるようになれば、本物です」

本物の狂言師への正念場。萬斎さんの戦いがはじまりました。

狸の心になる

今回の挑戦に当たって、萬斎さんは、舞台でつかう笛の演奏を大きく変更しました。もの悲しげな曲調にすることで、より味わい深い演技を追求することをねらったのです。

アレンジした演奏の録音データが届くと、その場面の稽古に入った萬斎さん。しかし、ふりつけをあわせてみるとうまくいきません。

（あわせにくいな）

新しい笛の演奏に、なんどもなんども狸のふりつけをあわせようとしますが、どうしても音と動きがあいません。

それならふりつけを思いきって変えるしかない、と考える萬斎さん。ふりつけを変えてでも表現したいのは、笛の音で象徴させている母狸の内面。悲しみの心です。

その表現のために重要になる場面がありました。正体を見破られて殺されそうになった狸が、命乞いのために腹鼓を打って村人を楽しませるというシーン。ここで狸はおなかの子を気づかって、おなかをたたくことをためらいます。このためらいで、葛藤する母の悲しみを表現したいのです。命を守るためにはおなかをたたくしかない、でも子どものいるおなかをたたくのはつらい……。悲しげな首のふり方。子どもに語りかけるようにおなかをさする手つき。思いきってたたこうとふり上げる手。萬斎さんは、音にあわせてなんどもその仕草をためしてみました。納得がいきません。

「あわない」

「ちがうな……」

ぽつぽつとこぼれるひとり言。汗が流れ落ちます。

孤独な手探りの稽古は、4時間におよびました。

それでも満足せず、こんどはノートにふりつけを書きだし、整理をしはじめます。

（最初は、腹鼓を打とうとしないで悩む。2度目は、打とうか悩んでちょっとおなかをさする。3度目は、いよいよ打とうとするけれどまた悩む……）

萬斎さんは、『狸腹鼓』の型にこめられた心と自分の心とを、なんとかしてつなごうとしていました。その演目を自分のものにするには、演目と自分とがしっかり交差していなければなりません。そのために、演目の中に組みこまれた型を、一度ばらばらにしてとりだして確認し、あらためて組み立て直す作業が必要でした。

萬斎さんと狸の根くらべが続きます。

本番5日前。狸の面が届きました。古くから伝わる貴重な面です。萬斎さんは、面をおしいただくようにして頭を下げると、さっそく顔に当ててみました。

「これは、このあたりにすむ狸でござる（わたしは、このあたりにすむ狸でございます）」

と台詞を言うと、狸の口が、萬斎さんのあごの動きにあわせて、かたかたと動きます。いよいよ狸になるときが近づいてきていました。

萬斎さんが稽古をはじめました。しかし、どうしても納得のいかないところがあります。しばしば足を止め、考えこみ、首をふり、ため息をつきます。

めざしているのは、万作さんがしばしば口にする「頭で考えるのではなく、体が自然に動く演技」。でも、萬斎さんには、まだその感覚が得られません。万作さんの言う境地にどうすれば近づけるのかわかりませんでした。

その日の夜、萬斎さんは、万作さんと同じ舞台に立ちました。80歳を超えても、なお、自分の芸に満足せず、日々修業を続ける万作さんの姿が、あらためて偉大に見えます。この日の気持ちを萬斎さんはこう話しました。

「狂言師の人生ということを考えさせられました。花を咲かせ、実をつけ、最後は雪に覆われて無になる。そういう境地を、父が長生きをして見せてくれている。自分もその道を進んでいくんだと、あらためて思っています。いまはその道の半ばですが、できればいつかは、その無の境地にたどりつきたいですね」

そのためにも、いまはもがかなければならない。狸に全力で取り組まなければならない。萬斎さんは決意を新たにしていました。

本番3日前。

型にこめられた心と、自分の心をなんとかつなごうと稽古する萬斎さん。

舞台での演技の最終確認がおこなわれました。しかし、そこで新たな課題がでてきてしまいます。

腹鼓を打って命拾いをした狸が、帰り道に月を見上げるラストシーン。

笛の音が切なくひびき、月を見上げる狸。萬斎さんは、何かが足りないと感じます。もっと余韻のある終わり方をしたい。でも、どうしたらいいのかわかりません。考えこんで動けなくなってしまいました。

しかし、いつまでも考えているわけにはいきません。すぐに、本番どおりの装束を身につけてのリハーサルがはじまるのです。ラストシーンの演技の構想がかたまらないまま、萬斎さんは、狸の面と装束で舞台に立ちました。

舞台の後方には、万作さんが座って、萬斎さんの演技に目を光らせています。師匠にみとめてもらえるか。本番さながらの、緊張したリハーサルがはじまりました。

舞台は順調に進行していきます。そして、萬斎さんが悩みぬいた、腹鼓を打とうとする狸がおなかの子を思ってためらう大事な場面。

萬斎さんは、我が子に語りかけるように、おなかをなでました。そして、なんども首をふります。その切なそうな仕草を、くい入るように見つめる万作さん。

さらに舞台は進んで、いよいよ月を見上げるラストシーン。

このとき萬斎さんの頭には、まだなんのアイデアも生まれていませんでした。しかし、舞台上で月を見上げたとき、自然に子どもを気づかって、もう一度やさしくおなかをなでていました。

思わず体が動いた、無心の演技でした。

その後、我に返ったように幕の中に転がりこんで消える萬斎さん。

「いまの、うまくいきましたよ」

万作さんは、満足そうな笑みを浮かべていました。

ついに萬斎さんの狸が完成したのです。

本番当日。

大勢の観客がつめかけ、客席は満員です。

場内が暗くなると、舞台の上に、萬斎さんの狸の世界があらわれました。

あざやかに装束を脱ぎ捨てて姿をあらわす狸。おびえてちぢこまる狸。なんども腹鼓を打とうとしてはためらう狸。命拾いして月を見上げる狸。そして、そっとおなかをなでる狸。

狸がくるりと転がって幕の中に消えると、会場から大きな拍手がおこりました。客席にはやさしい笑顔が満ちています。萬斎さんが演じた狸の心は、観客に確かに伝わりました。萬斎さんはみごとに勝負の演目を演じきったのです。

楽屋で、狸の装束から着物に着替えた萬斎さん。すっきりとした、落ち着いた表情です。大きなチャレンジに成功して、ほっとしているのでしょうか。

「今日は、今日の成果をひとつ得たということで、まあ、よかった。でも、ぼくはあまり満足するということがないので、これからもうちょっとつきつめていきたいと思います」

そう言って、笑顔を見せる萬斎さん。その目は、終わりのない道の先の、無の境地を見つめているようでした。

プロフェッショナルとは

狂言師としては、
美しさをもって人の心をひきつけ、
おもしろさをもって人と心をつなぐこと。
そして、あきらめないのが狂言師かな。

第249回2014年12月15日放送

こんなところがプロフェッショナル！

華のある演技で観客をひきつける狂言師、野村萬斎さん。こんなところがすごいよ！

深夜は体力トレーニング

「立ち方」「歩き方」の細部まで定められている狂言の舞台は、きたえぬいた身体能力がないとつとめることができません。稽古を終えた深夜1時からランニングをはじめ、じょじょに坂道の勾配を上げて体に負荷をかけ、舞台をつとめる体をつくっています。

ネットの評価もバネにする

休憩時間にネットで舞台の評価や自分のうわさ話を見ることも。萬斎さんは、批評されることをまったくおそれません。どちらかというと、むしろそれがバネになるかな……と言います。

40、50は鼻たれ小僧

狂言の世界では、40、50は鼻たれ小僧といいます。40代、50代は、まだまだ未熟という意味です。だからこそ、いま何をするかによって未来が変わってくるはず。50代がはじまったいま、技術に個性を加えていく日々が続きます。

狂言師として無の境地まで

「狂言師の人生ということを考えたとき、春からはじまって、やがて花を咲かせて実をつけ、最後はなんとなく雪におおわれて『無』になるような感覚。いま、自分は、移ろいを感じながらこの道をつき進むのかなという気がしています」と萬斎さん。狂言師として「無の境地」をめざします。

プロフェッショナルの格言

人気狂言師、野村萬斎さんのことばを心にきざもう。

本気の先に、笑いがある

「ただたんにおかしく、人を笑わせるために何かをするのではなく、人間の本質の『おかしみ』を表現したい」という萬斎さん。だからふざけない、おちゃらけない、本気で演じます。

宿命を、生きる力に変える

「なぜ狂言をやらなければならないのか。そのこたえは狂言をやらないかぎりでてこない。やっても永遠に見つからないかな」と語る萬斎さん。狂言の名門野村家に生まれた宿命を、自分の生きる力に変えています。

満足することはあまりない

勝負の演目『狸腹鼓』を、苦しみもがいてようやく演じきった萬斎さん。その成果はみとめながらも、それに満足することはあまりないと言います。演じきってもさらにつきつめていきます。

大事なものは、足元にある

ガーデンデザイナー　ポール・スミザー

© Garden Rooms

日本には四季がある。
それを象徴するのが、草花などの植物だ。
昔から、自然のめぐみである季節の草花は、日本人の生活を彩ってきた。
しかし、近代化とともに都市からは緑がへり、
四季を教えてくれた昔ながらの植物は、かえりみられなくなってしまった。
そんな中、日本の植物が季節を彩る、息をのむほど美しい庭を手がけるのは、
イギリスからやってきたひとりのガーデンデザイナーだ。
野山を歩いて草木を調べ、日本の植物を知りつくした彼は、
農薬や化学肥料をつかわない常識破りの手法で、
自然よりも自然らしい理想の庭をつくり上げる。
日本の草木を愛し、すこやかに植物を育てるその庭づくりの秘密は、
「足元」にあると言う。

✳植物を生きさせる

春。寒い冬のあいだずっと眠っていた植物が、目をさます季節です。

山梨県内にある高原リゾート「萌木の村」に、ひとりの男性がやってきて水まきをはじめました。

ポール・スミザーさん。ガーデンデザイナーです。

25年前にイギリスからやってきたスミザーさん、日本語をじょうずに話しながら水をまいています。植物の根が活発に成長しはじめる春は、苗の植えつけに最適の季節。庭づくりのプロであるスミザーさんには、大いそがしの季節です。

ポール・スミザーさん。

スミザーさんの仕事はガーデンデザイン。つまり、庭を設計することです。公園のような大きな場所、また個人の家の庭、それぞれの目的や依頼主の好みにあわせて、その庭をどんなイメージの庭にするか、どこにどんな植物を植えるかを考えます。さらに、設計した庭の植物の植えこみまで自分でおこなうスミザーさん。デザインにとどまらず、庭づくり全体がスミザーさんの仕事なのです。

「萌木の村」は自然とふれ合うことのできる高原リゾート。スミザーさんが庭などの自然エリアのデザインをまかされ、2012年より根本的なガーデンのリニューアルをおこなっている場所です。

砂利に植えたマツムシソウ。

スミザーさんが、敷地内の歩道脇にマツムシソウの苗を植えはじめました。マツムシソウは、かれんな紫色の花で、昔から山梨県周辺に自然にはえていた日本の野草。苗はまだとても小さく、指先ほどの大きさです。

歩道脇の花壇はあえて土をすきとり、砂利を入れ、その中に苗を植えました。マツムシソウは自然下ではそのような場所に自生しているからです。さらにスミザーさんは、肥料をあたえません。肥料をあたえると、必要以上に大きくなって、植物が自分の力で立てなくなってしまうからです。農薬や化学肥料はつかわない。その植物が好む環境をつくってそこに植えてあげたあとは、必要以上に植物に手を差しのべない。これがスミザーさんのやり方です。

自分の力で生きさせる

植物の生きる力について、スミザーさんはこう話します。

「ぎりぎりの環境でがんばる植物は、とてもじょうぶなんです。しばらく雨がふらなかったり、異常な天気が続いたりしてもたえられる植物を育てるには、ぎりぎりのものだけあたえて育てるといい。そうすると、最終的には自分の力でじょうぶになってくれますよ。植物は自分で調整するからね」

人の力を借りずに自分で育つ草木は、たくましく、美しくなるのです。

砂利に穴を掘り、マツムシソウの苗を植えるスミザーさん。最後に、苗の根元の砂利を両手でゆっくりやさしくおさえます。その手つきは「がんばってね」と語りかけているようです。いまは小さなマツムシソウの苗も、スミザーさんに見守られて強く大きく育っていくのでしょう。

「萌木の村」には、スミザーさんが気になっている場所がありました。

入り口のすぐそばであるにもかかわらず、人どおりがまったくない一角。木が茂っているために日光がさしこまず、日中でもうす暗くなっています。その上、地面は傾斜していて、斜面の土は、ぽろぽろとしたもろい土です。土がくずれて流れやすく、庭にするには不向きな場所でした。見るべきものがないので、来園した人はすどおりしていきます。

問題の場所を細かくチェックしたスミザーさん、考えを整理してオーナーさんに提案します。

「ここの、よいところと悪いところを言いますね。

枝ぶりが美しいカエデの木。

まず、とてもよい木がある。カエデは、変な剪定（目的にあわせて枝を切ること）がされていない立派な木。これは生かしたいよね。問題は地面に日が当たらないこと。これは木が多すぎるからなので、これをなんとかしないといけない」

そう話したスミザーさんは、枝ぶりの美しいカエデは生かして、地面を暗くしているほかの木を伐採することにしました。

これから伐採する木の、上のほうの枝に固定したロープと腰につけた器具をつかって、幹を垂直に歩くように登っていくスミザーさん。イギリスの王立園芸協会で身につけた、ツリークライミングの技術です。高い枝のと

ツリークライミングで枝を登るスミザーさん。

ころまで登りきると、小型ののこぎりをつかって枝を切りはじめました。切りたおすときにほかの木を傷つけないよう、あらかじめ枝を落とすのです。

ここには適度な日がさすようになるでしょう。ここからが、スミザーさんの本格的な仕事です。

どんな庭にしたてるか？

スミザーさんは、出張で鳥取に向かう電車の中で考えはじめました。

（人は、暗い殺風景なところには行かない。「どうぞ、入ってください」という感じの明るいオープンな庭。そういうところなら安心して入ってきてくれるはず……）

考えながら、スケッチブックにイメージをえがいていきます。

スミザーさんのスケッチの中の庭には、土が流れるのを防ぐための石垣が斜面に築かれ、大きな花壇がつくられています。その花壇には、葉の色や形が異なるさまざまな植物が植えられ、明るい印象。その花壇の中を散策する人も、えがかれます。

庭の方向性がかたまっていきました。

スミザーさんが、再び「萌木の村」を訪れました。車の荷台には、たくさんの草木。入り口近くの例の場所に、デザインどおりに植物を植えていくのです。

植物を植える際に、もっとも注意しなければいけないのが「陰の見きわめ」です。

一日中、日の当たらない「日陰」。時間によっては、枝葉のあいだから日の当たることがある「木陰」。微妙な差のようですが、植物にとってはこの微妙なちがいが命にかかわります。

話し好きのスミザーさんも、この見きわめをしているときは無口になってしまうほど、重要な判断なのです。

居場所があれば、生きていける

スミザーさんには、植物と向き合う上でのゆるがない哲学があります。それは、植物はその特徴に適したところに植える、ということです。これをスミザーさんは、「声を聞く」と表現します。

「植物と話ができたら、『あなたは、本当はどういうところが好きなの?』って聞

ⓒ Garden Rooms

ゲラニウム・マックスフライ

フランシスウィリアムズ

アルボマージナータ

きますね。そして、『どちらかといえば、日当たりのよいところかな』なんて、教えてもらう。適した場所というのがいちばん大切だから。生き物はみんな同じだと思うよ。植物も人間も、ふさわしい場所さえあれば、生きていける」

そう言いながら、日が当たらない小屋の陰には、ギボウシの一種、アルボマージナータを植えます。これは日陰でも育つ優等生。

一方、同じギボウシの仲間でも、木もれ日くらいの日当たりを好むフランシスウィリアムズは、少し日のさす花壇の中央に植えます。

直射日光が注いで乾燥しやすい花壇の端には、ゲラニウム・マックスフライ。小さな花を咲かせるかわいらしい見た目に似合わず、がまん強く、へたりません。

ⓒ Garden Rooms

1か月後。明るくなった。

入り口付近の人が入らない一角。

ⓒ Garden Rooms

3か月後。植物がしっかり根づいた。

その植物が好む場所をきちんと理解して、場所を選んで植える。スミザーさんは、そのことに細心の注意をはらいながら、ていねいに植物を植えていきました。

その1か月後。以前はすどおりされて、ひっそりと静まり返っていた入り口近くの一角に、人が行きかうようになっていました。木が間引かれて明るくなり、花壇が設けられたその中の小道を、人がゆっくりと歩いて行きます。

花壇に植えた植物は、まだまばらで土が目立ちます。だから、いまは花壇に目を向ける人はいません。でも、スミザーさんは、それでよいのだと言います。

大事なものは、足元にある

ポール・スミザー

「明日、明後日のことはどうでもいいの。大事なのは、5年、10年の単位で考えることです。日本では、多くの庭が、いまをきれいに見せることだけを考えてつくられているけれど、そうではなくて、何年も植物が元気に生きられるような庭にすることを考えたら、庭はもっときれいになるよね」

スミザーさんの頭の中には、5年後のこの庭が生き生きとイメージされているのです。

＊＊＊

スミザーさんは、鳥取県の南部町にあるフラワーパーク「とっとり花回廊」に、秋の庭をつくるという仕事を受けました。パークの園長からのリクエストは、秋にお客さんに来園してもらうための目玉になる「涙がでるほど美しい紅葉の庭」。スミザーさんは、さっそく庭にするための場所を探しはじめました。

パーク内を歩き回るスミザーさん。薄暗く、人気のない広場に足を止めました。

（なんだろう、ここは。もったいない……）

ⓒ Garden Rooms

チョウジソウ

ⓒ Garden Rooms

オミナエシ

カシワバアジサイ

パークでも何につかうか決めかねている場所でした。紅葉の代名詞であるカエデもなく、なんの変哲もない広場。でも、スミザーさんは、この場所を秋の庭にすることに決めました。いったい、どんな秘策があるのでしょうか。

スミザーさんが、自分の事務所で秋の庭の設計にとりかかりました。

たくさんの植物の写真や本を机の上に広げています。カエデにたよらずに、秋に色づく植物を集めて、紅葉を楽しめる庭をつくろうと考えているのです。

探してみると、たくさんの紅葉する植物が見つかりました。

カシワバアジサイの葉は、紫、赤、オレンジ、黄色、さまざまな色になります。日本の多年草でも、オミナエシは、花は黄色ですが、葉は真っ赤に、くきはオレンジに色づきます。チョウジソウの葉もあざやかな黄色に変わります。

大事なものは、足元にある

たくさんの美しく紅葉した植物の写真を眺めながら、スミザーさんは考えました。（紅葉する植物がこんなに……。日本には、とてもよい植物がたくさんあって、まだまだ発見がある。これに気がつかないのはもったいないな。あなたの足元にすてきなものがあるよ、と伝えたい）

スミザーさんはペンを手にとり、スケッチブックに「涙がでるほど美しい紅葉の庭」のデザインをえがきはじめました。

スミザーさんが、完成させたデザイン案をもってフラワーパークを訪れました。園長にデザイン案を見せます。

スミザーさんの秋の庭のデザイン案は、大胆なものでした。紅葉は見上げるもの、

スミザーさんがデザインした秋の庭のスケッチ。

という常識的な発想からはなれ、足元から腰くらいまでの高さが、さまざまな秋の色でうめつくされています。広場の空間が、やさしい秋の色に染まっていました。

「木の紅葉だけにしぼったら、見どころがけっこう高い位置だけにかぎられてしまいます。でも、こういう紅葉する草花を植えることによって、低い位置でも紅葉を楽しむことができる」

デザイン案を説明するスミザーさんに、園長が質問します。

「この庭で、いちばん見て欲しいチャームポイントって、どこだろう?」

スミザーさんは即答しました。

「いちばんはないの。紅葉だけを見る、というのではなくて、この庭では、秋のよさを感じる。たとえば……風」

スミザーさんには、この庭の楽しみ方の具体的なイメージがありました。草木の美しく紅葉した庭を、秋の風が吹きぬけます。その風を感じるために配置するのが、ススキの仲間。紅葉する植物ではありませんが、かすかな風にもしなやかに穂をゆらすススキの姿もまた、日本の秋を感じさせるものです。

スミザーさんは、紅葉を楽しむだけではなく、さまざまな植物の中で秋の雰囲気を味わえる庭をつくろうとしていました。

スミザーさんの説明を聞いた園長は、うなずきました。

「なるほど、よくわかりました。新しい庭の魅力として打ちだせそうです。ぜひよい庭にして、ぼくを泣かせてください。よろしくお願いします」

「はい。涙だけでなく、鼻血がでるくらいのを」

スミザーさんは、笑顔でうけ合いました。

イギリスからやってきたスミザーさんが、日本人が見すごしてしまっていた日本の美しい秋を、足元から見つけだしてくれたのです。

✳日本での現実との戦い

スミザーさんは、１９７０年、イギリス南東部、バークシャー州の田舎町で生まれました。子どもの頃の遊び場は、テムズ川のほとりにある緑豊かな森。ドングリを拾ったり、花や小動物にふれたり、毎日、どろだらけになって遊びました。

そんなスミザーさんは、あるとき、両親から、1冊の本をプレゼントされました。野生の生き物がすめる庭のつくり方を解説した専門書。スミザーさんは、この本をくり返し読み、農薬や殺虫剤をつかわない庭づくりに関心をもちます。そして、16歳のときに、自宅にはじめて自分で庭をつくりました。イモリなどの小さな生き物がすめるようにくふうした庭でした。

17歳で王立園芸協会の実習生に合格。この協会は、２００年の歴史をもつ、庭づくりや植物に関する研究のための団体です。スミザーさんはここで、庭づくりや植物についての勉強をはじめました。協会の植物園では、植物一つひとつに植物の学名と原産地が書かれたプレートがさしてあります。

変化に富んだ葉の形。印象的な色。スミザーさんがひかれる植物の原産地を見ると、それはたいてい日本原産の植物でした。スミザーさんは、日本の植物に夢中になります。

「日本では、こういう美しい植物がその辺に勝手にはえている」

そんな話を聞いて、植物の豊富な日本へのあこがれをふくらませたスミザーさん。19歳のときに、思いきって日本へやってきました。

来日してすぐ目にしたのは、高速道路の両脇の斜面一面に、イネ科の植物の穂がゆれている光景。イギリスではお金をはらってわざわざ植えるものでしたが、それがあたり一面にはえていました。

山を歩いてみると、ほかでは見られない日本固有の草木がいたる所に自生していました。その数、およそ2500種。

（日本は、本当に緑の国だった！）

スミザーさんは、感激します。

ところが、日本で庭師として働きはじめたスミザーさんをまっていたのは、思いも寄らない現実でした。スミザーさんが来日した１９９０年頃、日本では、イギリス風の庭づくりが大流行。

夏は蒸し暑く、冬は寒い日本。この気候に適応できない外国産の植物は、すぐ弱ってしまいます。それを、大量の農薬と肥料をつかってなんとか開花までもたせ、枯れたらすぐに新しい苗に植えかえる。そのくり返しでした。

スミザーさんは、「この植物は、ここの気候に合いません」と、なんども依頼主に訴えましたが、とり合ってもらえませんでした。

植物が目の前でどんどん死んでいく。スミザーさんにはつらいことでした。

「どうして、こんなところに植えるの？」

植えた植物がそう言っているような気がします。

こんなことはしたくない、と思いました。

故郷をはなれることを決意するほどに心ひかれた日本の草木。でも、当の日本の人たちはその価値に気づいていない……。

悲しい思いを胸に、スミザーさんの足は野山に向かいました。

野山の草花に学ぶ

そこには、ひっそりとだれにも見られることのない、貴重な草木が生い茂っていました。自然にあたえられた場所で、しっかり根をはって生きています。

スミザーさんは、それらの植物を徹底的に調べました。どんな場所でよく育つのか、明るいところか日陰か、乾いた土か湿った土か。野山で生きる植物には、農薬も肥料もつかわれていません。庭でも同じような環境に植えれば、農薬も肥料もつかわなくても元気に育つはず。山はスミザーさんの教科書になりました。

やがて、観察だけでは満足できなくなったスミザーさんは、東京から車で2時間かかる山梨県で、休耕田を借りて実験場をつくります。そこに、水をはった湿地、日陰、乾燥地などを再現しました。そして、さまざまな植物をいろいろな環境で育ててみて、どんな場所に適応できるか調べたのです。

スミザーさんがそうした研究に打ちこんでいた頃、イングリッシュガーデンブームの日本では、多くのガーデン専門誌が発刊され、その誌面はガーデンの華やかさがピークの状態で撮られた、美しい写真であふれていました。それを見た人々には、一年中にぎやかに花々の咲きみだれるガーデンを期待されました。

（日本人は四季の移ろいを愛でる気持ちをわすれてしまったのだろうか……？）

スミザーさんは、花は1年の短い期間しか咲かないボーナスのようなもの。それよりも葉の色、形、質感を中心に組み立て、長い期間楽しめる庭づくりのプランが必要なこと、日本の植物こそが環境に合い、農薬や肥料をつかわなくても自分の力ですこやかに育つことなどを、根気よく伝えていきました。

そして2000年、スミザーさんは、東京で開かれた大規模なガーデニングショーに出展しました。作品として庭をつくって見てもらうのです。

スミザーさんがつくったのは、水のまわりに日本の草花を配置した庭です。苗はほとんどオランダから直接輸入しました。おかしなことですが、日本では入手困難だったからです。小川の水のめぐみを受け、真っすぐにのびる水辺の植物。岩陰で青々とした葉を広げるシダ。華やかではないけれど、みずみずしく心にしみてくるような日本の原風景が、そこにはありました。この庭を訪れ、

「なつかしい……」

「この草、子どもの頃、よく見かけたね。なんていうんだっけ？」

と、反応する人々に、スミザーさんはほっとしました。スミザーさんが愛する日本の草花を、同じようにすてきだと感じる人がたくさんいたのです。

スミザーさんのこの庭は、ガーデニングショーの最優秀賞を受賞。日本のすばらしい草花とスミザーさんの地道な努力が、美

© Garden Rooms

ショーで受賞したスミザーさんの作品。『自然の韻が聞こえる庭』

「足元にある植物の美しさを知って欲しい……」

しく花開いた瞬間でした。

ガーデニングショー以降、スミザーさんの元には日本の野草をとり入れた庭づくりの依頼がくるようになりました。公園から個人の家の庭まで、さまざまな庭を手がけます。

身近すぎて、あらためて世話をしたり管理したりしようとすると、どうしたらよいのかわからない日本の植物。スミザーさんは、依頼主からの質問や相談にていねいにこたえます。野山の草花から学んだこと、実験場で確認したこと、すべてが生かされています。スミザーさんが光を当てた日本の草木が、いま、全国の庭で静かに命を輝かせています。

✳守りたいもの

２０１３年、鳥取で全国都市緑化フェアが開催されました。このイベントでスミザーさんは、鳥取県と鳥取市と協力して、鳥取の都市緑化に取り組みました。都市緑化とは、都市に緑を増やす活動です。目的は、地球の温暖化が進まないように、植物を増やして気温を下げること、人間以外のいろいろな生き物の生きる場所を確保すること、都市の景色をよくすることなど、さまざまです。

全国都市緑化フェアは毎年各地でおこなわれますが、地域の特色が生かされた魅力的な取り組みは、あまり多くはありませんでした。そんな中、スミザーさんの鳥取での都市緑化は、地元鳥取に自生する草花を95パーセント以上用いたもので、全国的にもめずらしい取り組みとして成果を上げました。

海水と淡水が入り混じった汽水湖である、湖山池のほとりで開催された緑化フェア終了後、スミザーさんが設計したガーデンは公園としてのこされ、それ以外は撤去されました。しかし、イベントのために鳥取砂丘の砂でつくられた大型の像をくずしたあとに、大量の砂がのこされたままになっているところがありました。市はそこに芝生をしきつめる予定でしたが、スミザーさんは砂をそのままのこして砂地として活かすことを提案しました。

砂地は、水を保つことができず乾燥しやすいため、植物が生きるにはとてもきびしい環境です。その過酷さは、都市をおおっているコンクリートとよく似ています。コンクリートも、乾燥して日光の照り返しがきびしく、植物には生きづらい場所。スミザーさんは、この砂地の緑化への挑戦が、都市緑化の可能性を計るよい機会になると考えていました。

このむずかしい緑化を成功させ、よい見本となることで、緑化の活動をもっと広げていきたい。スミザーさんは、大きな志を胸に砂地の緑化にのぞみました。

まずは現地の下見です。湖のほとりに無造作に放置された砂のまわりを、実際に歩いてみたスミザーさん。すぐに深刻な問題に気づきました。

ところどころにはえている丈の高い草をさししめして、市のスタッフに言います。

「いちばんこわいのは、こういう園芸品種。絶対増える」

それは、以前おこなわれた緑化イベントでつかわれた外来種でした。繁殖力の強い外来種が、撤去をのがれてたくましく繁殖していたのです。

「これは、とらないとどんどん広がって、まったく風景を変えてしまうよ。本当に問題になるからね」

そう言いながら、その草をぬこうとかがみこんだスミザーさん。少しはなれたところに、指先ほどの大きさの、濃い緑色をした植物がはえているのに気がつきました。

「これは……。ハマゼリだね」

鳥取に自生するハマゼリという野草です。さらにその近くに、もう一種。

ハマボッス

ハマゼリ

「ああ、こっちには、リシマキアの原種のハマボッスがある」
ハマボッスは海辺の植物です。それも緑化イベントに出展されたガーデンののこりでした。
注意深く観察すると、絶滅が心配されている貴重な地元の植物も、たくさん見つかりました。市のスタッフをふりかえるスミザーさんの顔はうれしそうです。
「だめなものばかりと思ったけれど、案外いい植物ものこっているね」
スミザーさんの頭の中に、ここに、こうした希少な鳥取の海浜植物を中心にした草原をつくって、それを守っていく、というアイデアが浮かんでいました。

下見から3か月後。スミザーさんが再び鳥取を訪れました。3か月のうちに、例の外来種が生育範囲を広げています。市のスタッフと砂地を歩きながら、
「これは、広がりすぎているね。とったほうがよさそう」
と、表情をくもらせるスミザーさん。このまま外来種が増えていくと、せっかくの貴重な植物が、生きていく場所をうばわれてしまうかもしれません。

大事なものは、足元にある

ポール・スミザー

しゃがみこんで黙々と外来種をぬきはじめたスミザーさんは、大きく育った外来種の陰にかくれるように、小さな鳥取の植物が生きているのを見つけ、

「ああ、あるある」

と、ほっとした声をだしました。

（ほとんどの人が気づかずにふんでしまうだろうな。とても貴重な植物なのに）

その小さな草の姿をいとおしそうに眺めながら、スミザーさんは、あることを思いだしていました。それは、スミザーさんが手がけた庭園が、開業10年で閉園されたという、つらいできごとでした。

その庭園は、街の中心部にありながら、１５００種類もの植物が育つ理想の庭。スミザーさんの代表作ともいわれた庭園でしたが、経営がなりたたなくなってしまったのです。緑の生い茂る庭園は、跡形もなくこわされました。

そのときスミザーさんの心を苦しめたのは、自分の設計したものがなくなったことではありませんでした。

庭に生きていた生き物たちはどこへ行っただろう？　行き場をなくして、どうし

ているだろう？

そのことが気にかかり、悲しい気持ちになりました。

植物は、人間のために存在しているのではありません。それ自身にも命があり、そこに小さな生き物たちの命を宿しています。そのことが、わすれられてしまっている。緑を守り育てるためには、そういった自然の尊さ、大切さを、もっとたくさんの人に伝えなければいけない。このとき、スミザーさんは痛感したのです。

その後もガーデンデザイナーとして、日本の自然を見つめ続けてきたスミザーさん。しかし、まだまだ日本には、その自然の豊かさに目を向ける人があまりにも少ないと感じるのです。

そして、日本の人々に訴えたい思いがありました。

こわすのも人、守るのも人

スミザーさんは、こう語ります。

「もう少し、自分の足元の自然を大事にして欲しいんです。世界から見たら、日本の植物の種類の豊富さはとてもすばらしいこと。こんな貴重な自然がなくなってしまったらどうするんだろう？　人間には、環境のためにできることがあります。自然にまかせたら何百年もかかることが、人間が努力したら何十年かでできちゃう、ということだってある。環境をよくしようという気持ちさえあれば、あっというまにできるということを、伝えたい」

多くの人に、植物や環境に関心をもち、それを守るための小さな努力をして欲しい。長年植物と向き合ってきたスミザーさんは、そう願っていました。

２０１４年10月はじめ、鳥取の砂地緑化のプロジェクトに、新しい展開がありました。スミザーさんが鳥取市に働きかけ、市民といっしょに砂地の草とりをし、植物の苗を植えるという活動をおこなうことになったのです。

集まったのは70人の市民。大学生から主婦まで、いろいろな人がいました。

スミザーさんは参加者に、まず、とりのぞくべき外来種について説明します。

「この種類は、どんどん横に広がっていって、育ってほしい植物をだめにしてしま

砂地の草とりをし、植物の苗を植える地元の人々。

うからぬいてください」

うなずきながら聞いている参加者たち。でもその足元には、ぬいてはいけない大事な植物もたくさんあります。

「この草は、砂が飛んでいかないようにおさえてくれるのでぬかない。そこのあなたがいまふんでいる草、それも大事なものだよ」

指さされたひとりの参加者が、あわてて足を上げます。参加者たちは笑いましたが、のこすべき植物と、ぬかなければならない植物の見分けは、かんたんではありません。おそるおそるの作業がはじまりました。

すぐに、あちこちから声があがります。

「なんだかぬくのがこわい」

「ポールさん、これは？　ぬいていいの？」
スミザーさんが走って行きます。
「これはぬかなくていい草」
スミザーさんは、一人ひとりにねばり強く教えていきます。だんだんと、参加者にも草の見分けがつきはじめました。
「この一種類は、わかるようになった」
「うん、特徴がつかめてきた」
外来種の草とりのあとは、地元の希少種の苗を植えることになりました。この希少種の特徴や苗の植え方も、スミザーさんが一から教えていきます。
スミザーさんが、草とりと苗の植えつけをこうして熱心に指導するのは、少しでも多くの人に植物について知ってもらい、好きになってもらうためでした。植物を守る活動を長く継続させるためには、「ポールに聞かないとわからない」ではこまる。スミザーさんひとりではできることに限界がありますが、たくさんの人にかかわってもらえば、たくさんの植物に対する知識と愛情が生まれ、それが活動を守ってくれるはずだとスミザーさんは考えているのです。

その考えは、まちがっていないようです。参加者のひとりが、

「どういうふうに、育っていくのかな……」

と言いながら苗を植えたその手つきのやさしさは、スミザーさんが苗を植えるときの手と、とてもよく似ていました。

その1か月後。強風と日照りにさらされながら、砂地の苗はしっかりと根をはりはじめていました。

庭がめざす形になるのは2年後。小さな苗に、スミザーさんの大きな希望が託されています。

スミザーさんの歩みと、日本の草木の命の営みに、終わりはありません。ときには見すごされそうになりそうなほど静かに、でも確かに続いていくのです。

プロフェッショナルとは

一生懸命(いっしょうけんめい)やるのはあたりまえ。
よい仕事をするのもあたりまえ。
新しいことに挑戦(ちょうせん)して、
その結果を人に伝えることが
プロフェッショナルだと思う。

第247回2014年12月1日放送

こんなところがプロフェッショナル！

日本の風土を知りつくすポール・スミザーさん。
こんなところがすごいよ！

年月を重ねるごとに美しくなる庭

スミザーさんが庭づくりのときに好んで選ぶのは多年草。街の花壇などによく植えられている一年草は、品種改良によってつくりだされています。見た目はきれいですが、命は1年ももちません。植物の原種に近い多年草は、華やかさはありませんが、冬を越して何年も成長し続け、年を重ねるほど美しくなります。スミザーさんのつくる庭は、年月を重ねるごとに美しくなるのです。

草木のだすサインを見のがさない

スミザーさんは、自分が手がけた庭に定期的に足を運び、メンテナンスを欠かしません。草木の成長具合を観察したり、何か具合の悪いところはないか調べたりするのです。美しい庭をつくるには、植物たちがだすサインに、どれだけ早く気づいてあげられ、動いてあげられるかが大事だと言います。

種にもやさしい!?

毎年秋になると、スミザーさんは収穫した種の殻をとる作業をおこないます。1センチにも満たない小さな種の殻を、ていねいにとっていきます。そして、しっかり熟した種を選び、冬にはひと粒ひと粒、大切にまいて苗をつくります。

自然より自然らしい庭づくり

18年前、山梨県に秘密の実験場をつくったスミザーさん。水をはった湿地や日陰、乾燥地などを再現して、300種類の植物の植生をこの実験場で調査しています。実験場で植生を知りつくして庭づくりをするため、自然より自然らしい庭ができるのです。

プロフェッショナルの格言

ガーデンデザイナー、ポール・スミザーさんのことばを心にきざもう。

居場所があれば生きていける

植物でも人間でも生き物はみんないっしょ。場所さえ合っていれば、生きることができる。だから植える場所をちゃんと理解して、選んで植えてあげないといけないとスミザーさんは言います。

2年、3年、10年、15年単位で考える

ほとんどの庭は、いまきれいにしなければならないと考えて植えられています。でもスミザーさんは、2年、3年、10年、15年の単位で考えます。そう考えることができれば、庭はもっときれいに変わると言います。

大事なものは、足元にある

日本にはとても豊富な種類の植物がある。でもその豊かな自然に気がついている人は少ない。もっと足元に目を向け、植物や環境に興味をもって、尊い自然を大事にして欲しい。スミザーさんの願いです。

肝心（ちむぐくる）が、心の旅を生む

バスガイド

崎原真弓（さきはらまゆみ）

年間600万人が訪れる観光地、沖縄に、
2年先まで予約が入るという、カリスマバスガイドがいる。
ガイド歴30年の大ベテラン。
小学生からお年よりまで、だれからも愛される旅の案内人だ。
とびきりの明るさとくふうをこらした演出で、旅を楽しくもり上げる。
しかし一方で、沖縄の人間としての使命をわすれず、
故郷沖縄の、歴史の奥に秘められた悲しみを、ていねいに伝える。
旅人たちの胸にきざまれる、わすれがたい思い出。
彼女のもてなしの秘密は「肝心」。
そしてその「肝心」をもって、旅の中で伝えたいことがあるという。
その旅とはどのようなものなのだろうか。
カリスマガイドの旅に同行してみよう。

✳「肝心」のガイド

青い空と、青い海の広がる沖縄。

那覇市から10キロほど南にあるのが、沖縄本島の南の端、糸満市です。

市内の小さなプレハブ小屋の事務所で、しきりに空を見上げて天気を気にしている女性がいます。

バスガイドの崎原真弓さん。

崎原さんは、日本中から指名が殺到する人気のバスガイドです。おなじみのお客さんや、評判を聞きつけた人から次々に申しこまれる旅の予約で、2年先まで予定が入っています。

事務所に入ると、まず、神様に安全を祈るのが崎原さんの日課です。

崎原さんのつとめ先は、バスガイド11人の小さな会社。社員が出勤し、朝礼がはじまりました。てきぱきと連絡事項などを伝えるのは、崎原さんです。崎原さんは、この道30年のベテラン。現役のガイドとしてバスに乗りながら、後輩ガイドの教育も担当しています。

朝礼の最後、ウォーミングアップがわりに全員で歌を歌います。

「笑顔で！」

崎原さんは、率先して明るい笑顔で歌います。

＊＊＊

修学旅行シーズンに入り、崎原さんたちガイドは大いそがしです。

この日崎原さんは、鹿児島の小学校六年生の修学旅行バスを受けもちました。3日間の日程で、観光名所である首里城などをまわり、沖縄の文化にふれる旅が予定されています。

バスに乗った子ども全員に深い思い出をのこしたい。

つねにそう心がけている崎原さんには、独自の方法があります。

初日の朝。

子どもたちがバスに乗りこんで落ち着くと、

「おはようございます」
と、まずは明るくていねいなあいさつをします。そして、その後すぐに「修学旅行のテーマソング」を披露しました。朗らかな美しい歌声。これで旅の気分をもり上げるのです。

歌が終わると、見えてくるのは美しい海。すかさず、子どもたちの視線を海に向けさせます。現在の沖縄の海のにぎわいと、海が戦場になった歴史を紹介して、それがすむと、再び歌。

乗車中、崎原さんはけっして休みません。バスで通過する名所や見どころについてよどみなく説明しながら、合間を歌でつないでいきます。その流れるような進行の秘密は、台本のような進行表です。

崎原さんは、ルートの下見をし、実際にバスが走るスピードとかかる時間にあわせて、何の説明に何分、歌を何分と、分きざみの構成の進行表をつくります。こうしたていねいな準備は、乗客を退屈させないためのくふうです。

細かく気配りされた雰囲気づくり。子どもたちの心がその雰囲気にとけこみ、自然に崎原さんといっしょに歌いはじめました。にっこりと笑う崎原さん。
崎原さんが、ガイドをする上で何よりも大切にしていることがあります。

深く思いやる心

それは、「肝心」のおもてなし。「肝心」とは、沖縄のことばで、体の奥深くからわきでる、相手を思いやる心のこと。崎原さんの仕事における「肝心」は、出会った人に少しでも楽しい時間をすごしてもらうために、全力をそそぐということです。
崎原さんは、歌の間奏で、歌い手をバスに乗った子どもに交替させます。
「はい、ハヤト君、前にでてきて。だいじょうぶ、だいじょうぶ」
生徒の名前をひとりずつおぼえ、話しかけ、もり立てていきます。
指名され、マイクをもたされて、照れくさそうに歌いはじめた生徒。崎原さんは、雰囲気に乗れていない子どもはいないか目を配り、もっと楽しい時間にするために、できることを探ります。
「はい、みなさん、手拍子してあげましょうね」

声をかける崎原さん。手拍子がおこり、それにはげまされるように歌声がだんだん大きくなっていきました。元気な歌声につられて、手拍子の子どもたちも笑顔になっていきます。

崎原さんには、旅先に沖縄を選んでくれた人たちに、できるかぎりのことをしたい、という熱い思いがあります。

気配り、目配り、心配り。一生懸命につくす。

それが、崎原さんの「肝心」です。深い心で、これ以上はもうふくらまないというくらいのおもてなしをすると、決めています。

歌が終わると、マングローブが見えてきました。崎原さんの声がひびきます。

「左を見て。マングローブです」

「わっ、すごーい！」

「はじめて見た！」

窓の外のマングローブに見入る子どもたち。反応が生き生きしてきました。崎原さんの説明に集中して聞き入ります。

崎原さんの「肝心」が、子どもたちの旅をしっかりと導いていました。

車中の崎原さんが、すばやく着替えはじめました。着替えたのは沖縄のお年よりの衣装。手ぬぐいもかぶっています。そして、さっきまでのはりのある元気な声とはまったくちがう、おばあさんの声で話しはじめました。その変身ぶりは女優さんのようです。

「急におばあさんに変わりましたけれど、みなさんに、ぜひ戦争のおそろしい実態を知って欲しいからね。沖縄本島のおばあ（沖縄のことばで「おばあさん」のこと）が実際に見た、戦争のことをみなさんにお話しします」

これから、太平洋戦争の沖縄戦を生きぬいたおばあの証言を、ひとり語りで話すのです。

沖縄への修学旅行の目的には、平和学習がふくまれています。沖縄は、太平洋戦争中、日本で唯一、アメリカ軍が上陸し、地上戦がおこなわれた場所だからです。崎原さんたち沖縄のバスガイドにとって、沖縄戦を語り、戦争のおそろしさや悲し

おばあの衣装で話をする崎原さん。

さを伝えることも、大切な仕事のひとつです。

崎原さんが語りだしたのは、バスに乗っている小学生と同じくらいの年の子どもたちの話でした。

船で九州に疎開することになった子どもたち。修学旅行気分で船に乗りこみましたが、その船は、途中でアメリカ軍の攻撃を受けます。子どもたちは、あっというまに船ごと海にしずんで死んでしまいました。将来への夢や希望をいだいていたのに……。

沖縄の方言まじりで、しみじみと語られる痛ましい過去のできごとに、子どもたちは、真剣な表情で聞き入ります。

崎原さんが伝えたいのは、目に映る美しい

風景の奥にある「思い」です。見えないものを伝えることにこそ、ガイドの使命があると、崎原さんは考えています。

心で心を伝える

沖縄のガイドが伝えるべき心について、崎原さんはこう話します。

「ただ戦争の歴史を語るのではなくて、そこにいた人たちの思いを、自分の心で感じてもらえるようにしたいと思うんです。傷ついた沖縄の人たちの心を、自分の身におきかえて、感じて欲しい」

それを伝えるのが、沖縄のガイドの責任。そう考える崎原さんは、そのための努力をおしまないのです。

バスの窓の外には、沖縄の美しい海。崎原さんの心をこめた語りを聞いた子どもたちは、その悲しい歴史をいだく海をじっと見つめていました。

バスをおりても、崎原さんの仕事は終わりません。

宿泊先のホテルでは、子どもたちに沖縄の踊りを指導します。ほかのガイドたちとともに沖縄の伝統的な衣装を身につけ、子どもたちの前に立って、沖縄を題材にした音楽『紅芋娘』にあわせて地元の踊りの見本を見せる崎原さん。

「踊るときは、指先で心を表現しますよ」

沖縄の踊りの独特な指先の動き。子どもたちはその動きを目で追っています。崎原さんが、大きな声でよびかけました。

「踊りたい人、いますかー？」

「はーい！」

たくさんの声が返ってきます。数人の子どもたちが、崎原さんの後ろに並んで踊りはじめました。

じょうずに踊る子も、ちょっとぎこちない子もいます。座って踊りを見ている子どもたちも、笑ったり、手拍子をしたり。みんな楽しそうです。

沖縄らしい、陽気でにぎやかな夜になりました。

修学旅行が最後の時間をむかえました。楽しさと悲しい記憶を共有した3日間が

子どもたちとの別れをおしむ崎原さん。

終わります。

天気は雨。バスの乗降口に立ち、おりてくる子どもたちに傘をさしかけ、一人ひとり、名前でよびかける崎原さん。

「ありがとう。ありがとうね」

出会いの喜びと、別れのさびしさが声ににじみます。

バスが空っぽになり、子どもたちがフェリーに乗りこみました。

崎原さんたちガイドが、雨の船着き場に並んで、みんなでいっしょに練習したあの『紅芋娘』を踊って、子どもたちを見送ります。

「ちばらやー。またやーたい（がんばってね。またきてね）」

大きく手をふる崎原さん。フェリーの甲板に並んだ子どもたちも手をふり返します。笑顔も、泣き顔も見えます。ともにした時間はわずか3日。でも、崎原さんの「肝心」は、子どもたちの心にしっかりとふれていました。

崎原さんは、大きな目を涙でいっぱいにしながら手をふり続けます。

フェリーが遠ざかり、子どもたちの顔が見えなくなっても、船の姿が岬の向こうにすっかりかくれてしまうまで、崎原さんたちは船着き場に立ち続けました。

涙をふいた崎原さんは、

「つらいですね。本当に。でもこれは、よい切なさ。出会えてよかった」

と笑顔を見せました。

✳天職になるまで

「バスガイドは天職」

と言う、崎原さん。しかし、そう言えるようになるまでには、自分と戦い続ける、葛藤の長い年月がありました。

崎原さんは、沖縄の離島、久米島に生まれました。実家は、サトウキビ農家。あまり裕福な家ではなく、木を拾ってきては庭で燃やして木炭にし、それを売って生活費を補っていたといいます。

子どもの頃の崎原さんには、コンプレックスがありました。内気で、知らない人と話をするのが大の苦手。そういう自分がきらいでしたが、どうしても克服できないまま思春期をすごしました。

そんな崎原さんに試練が訪れます。高校を卒業する頃、お父さんがたおれました。教員になりたくて大学も決まっていましたが、突然社会にでて働かなければならなくなったのです。急なことだったので、就職口もほとんどありません。銀行の試験を受けましたが不合格。あまりのショックにおしいれにこもり泣き続けました。でも、逃げ道はありません。

そこでバスガイドをしていた姉のすすめで、崎原さんはしかたなくガイドとして働きはじめました。

お客さんを楽しませようと、必死でがんばる崎原さん。明るくふるまい、毎日毎日、一生懸命、歌を歌いました。

でも、どんなに努力をしても、内気な自分からぬけだすことはできませんでした。お客さんにつまらなそうな顔をされるたびに、自信をなくして落ちこみます。

8年間がんばりましたが、結局、崎原さんはガイドをやめました。そして、逃げだすように、お兄さんをたよって岐阜に移りました。

岐阜で、事務の仕事をはじめた崎原さん。おだやかな毎日を送れると思っていましたが、しばらくすると、また悩みはじめます。

（ガイドをしていた頃の、必死で自分の殻を破ろうとしていたわたしのほうが、よかったんじゃないだろうか？　苦しかったけれど、いまのわたしよりずっとずっと輝いていたような気がする……）

そんな崎原さんは、ある日、偶然、街でバスガイドが働く姿を見かけました。その姿が心にのこり、家に帰ってから、バスガイド時代によく歌っていた歌をひとりで歌ってみると、涙があふれてきました。

頭の中に、バスガイド時代の自分の姿がよみがえっていました。崎原さんは、自分がバスガイドをしていたときの自分をとても好きだったということに、はじめて気づいたのです。お客さんを楽しませようと、一生懸命努力していた自分。自分の殻を破ろうと、必死になっていた自分。

涙が止まりませんでした。

まもなく、崎原さんは沖縄にもどり、結婚してふたりの子どもにめぐまれました。そして育児が一段落したとき、崎原さんは、バスガイドの仕事にもどります。

バスガイドとして復帰した崎原さんは、仕事のために猛勉強をはじめました。少しでもお客さんに話す内容を深めたいと図書館にかよい、徹底的に沖縄の歴史を学びます。勉強をするうちに、気づいたことがありました。

沖縄の人は、たくましい。

江戸時代、薩摩藩の支配の下、武器をとり上げられた沖縄の人々は、武器をもたずに戦える空手を発達させました。権力でおさえつけられても、けっして下を向きませんでした。

そして、あの太平洋戦争。沖縄の人々は、アメリカ軍の収容所に入れられても、空き缶で三線（三味線に似た沖縄の楽器）をつくり、音楽を演奏して踊ったのです。

（沖縄を訪れた人たちに、このたくましさを伝えたい）

そう考えた崎原さんは、調べた沖縄の歴史のエピソードを台本としてまとめ、それを、ガイド仲間といっしょに演劇として上演してみました。そのとき、こみ上げてきた熱い思い。その気持ちを、崎原さんはこうふりかえります。

「かつての沖縄の人々は、とてもつらく苦しい暗い歴史を乗りこえて生きました。『沖縄の人』は、本当にたくましい精神力があって、前向きで明るい。その生き方に、『ああ、沖縄の人って、すごいなあ』とつくづく思ったんです。わたしの体にも沖縄の人の血が流れているんだから、考え方を変えていこうと思いました。たくましく生きなければ」

たとえ、困難があっても、心次第で、明るく生きていくことができる。

そう考えるようになってから、崎原さんは変わりました。かつての、自信のもてない内気な自分を、乗りこえたのです。

そして、いま、沖縄に伝わるあることばを大切にしています。

「まくとぅそーちーねー、なんくるないさ」

真心をもって生きていけば、必ず道は開かれる、という意味です。このことばの中に、崎原さんは、けっしてうつむかない沖縄の誇りを感じています。

その誇りを胸に、いま崎原さんは、「バスガイドは天職」と言いきるのです。

✳希望の旅へ

崎原さんたちに、大きな仕事が入ってきました。岡山からやってくる、中学生300人の団体客。修学旅行です。

以前に、崎原さんたちが、同じ市内の別の中学校の旅行をガイドしたことがあり、その中学校から評判を聞いて指名してきたのです。

沖縄への修学旅行に備え、とくに平和学習に力を入れて、事前の勉強をしているという中学生たち。学校側の意欲にこたえなくては、と崎原さんたちガイドも力が入ります。バス8台の大きな団体旅行。崎原さんは、ガイド全員で力をあわせて、この旅行をすばらしいものにしようと決心していました。

ある朝、1台のバスに、崎原さんたちガイドが次々に乗りこんでいきました。

岡山の中学生の修学旅行のための、下見に向かうのです。実際のルートを回りながら、本番と同じようにガイドのリハーサルもおこないます。後輩の指導をまかされている崎原さんにとっては、後輩たちのガイドをチェックする大事な時間でもあります。

ひとりの後輩ガイドがガマの説明をはじめました。ガマとは洞窟のこと。沖縄では、太平洋戦争のとき、ガマが防空壕や避難場所としてつかわれました。そして、アメリカ軍が上陸してきたとき、各地のガマに避難していた多くの一般人が、捕虜になることをおそれ、その中で死の道へ追いやられたという、むごい歴史ののこる場所です。

ガマの説明のリハーサルをするうちに、感情的になって涙ぐみ、声をつまらせてしまった後輩ガイド。崎原さんは、気持ちはよくわかりましたが、落ち着きも必要だと考えています。

今回の旅行でむずかしいのは、こういった平和学習の際の雰囲気づくりです。子どもたちの集中力、真剣さをひきださなければ、意義のある平和学習になりません。しかし、それがいきすぎると、せっかくの修学旅行が重苦しいものになってしまいます。

崎原さんは、マイクをもって、後輩たちに話しはじめました。

「戦争の話で大事なのは、むすびです。話じたいがとても重いので、子どもたちの気持ちも重くなってしまっています。だから、話をしめくくるときの声は、未来に向かうという、もう少し明るさをもった声にしないといけないです。元気よく、というのではなくて、声に希望をもって。それを心がけて話していきましょう」

場面ごとに、どんな声のトーンがふさわしいか、一つひとつ、細かく指導する崎原さん。後輩ガイドたちは、先輩の仕事の秘訣を熱心に聞いていました。

崎原さんには、今回の旅行を前に、どうしても会っておきたい人がいました。安里要江さん。崎原さんが尊敬している、大好きな沖縄のおばあです。

安里さんは、24歳のときに、沖縄戦を経験しています。崎原さんは、今回の旅行の仕事の前に、後輩たちを安里さんに会わせたいと考え、下見の途中で安里さんを訪問することにしたのです。

90歳を超える安里さんは、崎原さんたちを元気にむかえました。温かい笑顔と明るい声の、いかにも沖縄らしい陽気なおばあ。

しかし、沖縄戦の話をはじめると、表情が一変しました。

安里さんは、爆撃からのがれるため、ふたりの子どもを連れてガマに逃げこみましたが、そこで、生後9か月の赤ちゃんを失いました。赤ちゃんは、餓死でした。安里さん自身が、長びく戦争による食糧不足で栄養が十分にとれていなかったため、お乳がでなくなってしまっていたのです。お乳のでない胸にだかれて死んでいった赤ちゃん。安里さんの悲しみは深いものでした。

安里さんの思いをしっかり受け継ぎ、手を握る崎原さん。

「何も見えないガマの暗闇の中で、我が子の冷たくなっていく体を、一生懸命なで回しましたよ。生き返らせるために、ほかになんの方法もありませんでした。『ごめんね。あなたを戦争のときに産んで、ごめんね』と謝りました……。わたしが話したことは、本物です。うそではありません。これをみなさんに伝えてください」

話に聞き入っていたガイドたちは、涙を流しています。崎原さんも、赤くなった目をぬぐいました。

崎原さんが、安里さんの手を握りました。

「あらためて、命は宝ですね。みんなでこの思いをちゃんと受け継いで語っていきたいと思います。本当に、ありがとうございました。どうか長生きしてくださいね、120歳まで」

安里さんが、笑ってこたえます。

「自分の芯の強さはね、自分でみとめております。だから、いまもこうして生きてる」

「あやかって、わたしたちも、たくましく、明るく、がんばって伝えていきます」

崎原さんは、いつまでもしっかりと安里さんの手を握っていました。

今回の旅行のテーマが決まりました。

命こそ宝

このことをしっかり伝えなければなりません。安里さんの悲しみと、それを乗りこえて生きた命の強さを、伝える。

崎原さんは、そう決めました。

いよいよ、岡山から300人の中学生がやってきました。

朝5時におきて、6時間半かかって沖縄に到着した中学生たちを、崎原さんたちは、笑顔で出むかえます。そして、バスが動きだすと、いつものように、明るくていねいなあいさつから、ガイドをはじめました。

バスは、予定のルートを回り、崎原さんは、見どころの説明や歌で、車内の雰囲気をつくっていきます。旅は順調に進んでいました。

ところが、首里城の見学中、ハプニングがおきました。生徒のひとりが、体調をくずしたのです。病院に連れて行かなければなりません。崎原さんがタクシーの手配に走ります。

幸い、生徒の状態はそれほど悪くありませんでしたが、対応が終わるまでの想定外のまち時間のあいだに、車内の生徒たちの雰囲気が変わってしまいました。

早朝におき、長距離を移動してきた生徒たち。つかれも見えはじめていました。しかし、あと10分ほどで平和学習に入らなければなりません。それまでに生徒を集中して話を聞く態勢にもどせるか。崎原さんの腕の見せどころです。

崎原さんは、歌を歌うことにしました。平和学習までのわずかな時間をつかって、生徒たちにもなじみのある歌で、生徒たちの気持ちをもり上げようとしています。

崎原さんが用意した歌には、囃子ことばが入ります。この囃子ことばで、生徒たちに歌に参加してもらうことにしました。いっしょに歌うことで、一度ゆるんでしまった気持ちを、もう一度元気にさせたいと考えているのです。崎原さんははりのある声で、囃子ことばの部分を歌ってみせます。

「イーヤーサーサー、スイ、スイ、スイ、スイ、スイ、スイ、です。スイは6回。はい、練習してみましょう。せーの！」

崎原さんの指揮でなんどか囃子ことばをくり返すうちに、少しだるそうだった生徒たちの表情が生き生きとしてきました。すかさず崎原さんは音楽をかけ、歌いだします。そして合図をして、生徒たちに囃子ことばを歌わせます。崎原さんの歌と、生徒たちの囃子ことばが、ぴったりと重なりました。楽しそうに声をあわせる生徒たち。

わずか10分。崎原さんは、みごとに車内の雰囲気をつくり直してしまいました。

歌が終わると、バスは、平和学習をはじめる予定の場所にさしかかりました。崎

原さんは、声をあらため、

「では、このあたりから気持ちを切りかえて、平和学習に入らせていただきます」と言いました。ここから、一気に、戦争と向き合う空気をつくっていきます。

崎原さんは、目の前の景色の奥にある、沖縄の深い思いを、命の重みを、生徒たちに伝えられるでしょうか。

崎原さんは、おばあの衣装に着替えました。そして、生徒たちの前に立って、おばあとして語りはじめます。

語るのは、戦争中、おばあが若い母親だった頃の話です。

爆撃を受けて、赤ちゃんと4歳の子どもを連れて逃げ、命からがらガマへたどりついたおばあ。ところが、そこで、子どもが泣きだしてしまいました。つられて赤ちゃんも泣きだします。ガマの奥から、かくれていた人がでてきて、子どもを泣きやませろとせまります。敵の兵隊に見つかってしまうことを、おそれているのです。赤ちゃんの頭に銃がつきつけられます。崎原さんは、おばあになりきり、若い母親だった遠い過去の自分を見つめて、最後の部分を語りました。

「おそろしくなって、わたしは、力いっぱい赤ちゃんをだきしめました。そのまま、どれくらい時間が流れたかわかりません。異変を感じて赤ちゃんの口元にてのひらを当てたときには、もう、赤ちゃんの息はありませんでした……」

崎原さんは、10分間、心をこめて語りつくしました。

車内は静まり返っています。

生徒たちの心に、ガマの入り口に立ちつくす親子の姿は、どのようにえがかれているのでしょうか。我が子に銃をつきつけられ、その子を腕の中で死なせてしまった母親の気持ちは、どのように想像されているのでしょうか。

バスが、見学予定地のガマに到着しました。生徒たちが懐中電灯を手に、真っ暗なガマの中に入っていきます。

（十分な心の準備をさせてあげられただろうか？）

崎原さんの胸には、少し不安がのこっていました。

40分後。ガマからでてきた生徒たちの表情を見て、崎原さんは、

真っ暗なガマの中へ入っていく生徒たち。

（伝わった……）

と感じました。もどってきた生徒たちの中には、涙ぐんでいる子もいます。

かつて、ここでおこったこと。失われた命や未来のこと。深い悲しみ。亡くなった人、生きのこった人の思い。それを生徒たちは、自分の心で受けとっていました。

崎原さんは、暗いガマから明るい空の下にもどってきた生徒たちに、

「おつかれさま。笑顔を届けにきてくれてありがとう。亡くなった人たちも、きっと喜んでいるよ」

と声をかけました。

そして、旅の最後の夜。

この旅で、大切なことを伝えきった崎原さんたちは、最後に、生徒たちにとびきり楽しい時間をすごしてもらおうと考えていました。

宿泊先のホテルの大きな集会室に生徒全員を集めての、歌と踊りの時間。スタッフ総出のライブでもり上げます。

中心は、もちろん崎原さん。生徒たちの前に立って、

「衣装を着て、いっしょに踊ってみたい人！」

とよびかけます。生徒が次々と手を上げ、走りだしてきました。衣装を身につけ、見よう見まねで、崎原さんたちといっしょに踊りだす生徒たち。

「さあ、思いっきり弾けましょう！　最後の夜、カチャーシーです！」

「カチャーシー」の語源は、「かきまぜる」を意味する沖縄のことば「カチャースン」。お祭りやお祝いごとの最後に、みんなで踊る踊りのことです。そのことばを合図に、３００人の生徒たちが、いっせいに踊りはじめました。

集会室に笑顔が満ちています。いまという時間を楽しみ、精いっぱい生きる美し

カチャーシーでもり上がる集会室。

い笑顔です。腕を上げ、腰をふり、くるくると回り、踊るほどに、自然に曲に合いの手を入れる声もでてきます。生徒たちにとり囲まれて、小がらな崎原さんの姿は、もう見えません。崎原さんたちガイドと、生徒たちが、心をひとつにして歌い、踊ります。

楽しい時間が終わりに近づいたとき、思いがけないことがおこりました。引率の先生の合図とともに、突然生徒たちが校歌を歌いはじめたのです。

崎原さんたちへの、お礼の歌でした。

その歌声を聞く崎原さんの目に、涙があふれます。心と心がふれ合っていることを、確かに感じました。

「感動させられてしまいました。今夜は眠れないかも」

涙をふきながら、崎原さんは、笑いました。

崎原さんは、この旅行の最後に、こんなふうに話しました。

「生徒さんたちには、沖縄の生きる力が伝わっているといいな、と思います。これからの人生の中で、大変なことにぶつかったとき、『そういえば、あの沖縄の人たちも、がんばって生きたんだよなあ。自分も負けていられないな』って、前向きな気持ちになれるように。この旅をとおして、沖縄がそういう心のふるさとのようになっていたら、うれしいです」

生きる力になる旅。沖縄の「肝心」をつくして、崎原さんは、これからもたくさんの旅を導いていきます。

プロフェッショナルとは

いちばん大切なのは、心だと思います。
すべての人たちに、感謝(かんしゃ)の気持ちをもって、
真心をこめておもてなしをする。
それがプロフェッショナルだと思います。

第208回2013年7月22日放送

こんなところがプロフェッショナル！

日本中から指名が殺到するバスガイド崎原真弓さん。こんなところがすごいよ！

旅の終わりはいつも涙

ガイド歴30年の大ベテランの崎原さん。それでも旅の終わりの別れ際はいつも涙があふれるそうです。「肝心」のおもてなしは、お客さんの心にものこり、お客さんにも涙があふれます。

乗車前の準備は緻密！

案内がない日、崎原さんは実際のコースを試走して、分単位でガイドの構成を考えます。沖縄の旅を心に深くきざんでもらえるよう、できるかぎりのことをするのです。

琉球空手は黒帯！

バスの中では舞踊、民謡、手話も披露します。中でも空手は、中途半端にするのは失礼だと、実際に琉球空手の道場にかよって黒帯（初段）をとりました。いまも道場にかよって練習にはげんでいます。

おばあになってひとり語り

バスの中で披露するおばあのひとり語りは、琉球王朝時代から太平洋戦争まで、ルートやお客さんにあわせて物語を演じ分けます。修学旅行の子どもたちには、沖縄戦を生きぬいたおばあになり、そのとき生きていた人の心を、子どもたちの心に伝えます。

プロフェッショナルの格言

カリスマバスガイド、崎原真弓さんのことばを心にきざもう。

気配り、目配り、心配り

旅先に沖縄を選んでくれた人にできるかぎりのことをしたい。だから深い心で、これ以上はもうふくらまないというくらいのおもてなしをしたい。崎原さんの「肝心」のおもてなしです。

心で、心を伝える

戦争を知らない子どもたちに沖縄戦を伝えるのは、沖縄のバスガイドの使命。戦争の歴史を語るのではなく、子ども自身の心で、そこにいた沖縄の人の思いを感じてほしい。沖縄の心を、子どもの心に伝えます。

まくとぅそーちーねー。なんくるないさ！

「真心をもっていればなんとかなる」。沖縄に伝わることばです。たとえ苦難があっても心次第で明るく生きられる。沖縄の先人たちのたくましさ、深い悲しみと、それを乗りこえてきた前向きな強さを伝えたい。

異端（いたん）の文字、街にあふれる

書体デザイナー

藤田重信（ふじたしげのぶ）

日常生活のいたるところにあふれる、文字。
その文字にもデザインがあることに気づいているだろうか？
線の太さ、角度、とめ、はね、はらいの形。
同じ字でも、デザインによって印象は異なってくる。
その文字のデザインで、一風変わった仕事をするデザイナーがいる。
その人のつくる文字は、個性的でありながら、美しい。
ときに異端とも評されるユニークなデザイン。
批判にさらされても自分のこだわりを捨てず、
ひたすら、自分の理想の文字を追求し続ける。
その理想の文字とはどんな文字なのだろうか？
彼は、文字のデザインによって、
何を表現しようとしているのだろうか？

✳理想の書体を求めて

「書体」ということばを聞いたことがあるでしょうか。

書体は、文字の様式、デザインのこと。「フォント」ともいいます。代表的な書体の種類として、明朝体、ゴシック体、教科書体などがあります。

同じ文字でそれぞれの書体を見くらべてみましょう。

明朝体

花の香り

ゴシック体

花の香り

教科書体

花の香り

ちょっとおもしろい書体も。

古印体

花の香り

勘亭流

花の香り

書体のちがいで、同じ「花の香り」という文字でも、それぞれちがう花、ちがう香りを連想させるくらい、印象を変えてしまいます。明朝体やゴシック体などはバリエーションも多く、○○明朝、○○ゴシックという名前で、その書体ごとに異なる特徴を備えた書体がたくさんあります。

福岡市にあるフォントワークスという会社は、これらの書体をつくっている会社です。書体を作成して、コンピューターでつかえるように販売しているのです。販売された書体は、書籍や雑誌、広告などの印刷物、テレビ番組のテロップ、コンピューターで閲覧するWEBサイトなど、暮らしの中で広く使用されています。

この会社に、書体界のヒットメーカーとして知られる、書体デザイナーの藤田重信さんが所属しています。

書体デザイナーの仕事は、書体を開発、制作することです。

仕事は、まず、どんな印象の書体にするかを検討することからはじまります。イメージ、方針が決まったら、ここからが大仕事。イメージにあわせて、一つひとつの文字を作成する作業へ入ります。作業はコンピューターでおこない、マウスを操作して、紙に字を書くのと同じように、モニター上に文字を書いていきます。線1本、点ひとつ、すべて手作業です。線の長さや太さ、点の大きさや角度、丸みの具合や、はね、はらいの調子など、さまざまなポイントを細かく検討し、修正、調整しながら、その書体ならではの文字をつくるのです。

ひとつの書体をつくるには、ひらがな、かたかな、アルファベット、漢字をあわせて、少なくとも8000字、多い場合には2万字をデザインしなければなりません。書体の開発・制作は、完成までに数年かかることもある、根気のいる作業です。

これまでに藤田さんがつくってきた書体は、130種類以上。中でも、もっともよく知られているのが、「筑紫」という名

■ 筑紫書体シリーズ

筑紫明朝 -D

あいうえおかきくけこさしすせそ

筑紫ゴシック -D

あいうえおかきくけこさしすせそ

筑紫 A 見出ミン -E

あいうえおかきくけこさしすせそ

前のついた書体です。「筑紫」書体シリーズには、線の太さなどが異なる明朝体、ゴシック体など、40種類以上の書体があります。

書店の書棚には、藤田さんのつくった書体があふれています。藤田さんは、その独創的な書体で名前を知られているデザイナーなのです。この本でも、ここからは藤田さんのつくった筑紫明朝をつかってみましょう。

＊＊＊

藤田さんの、文字へのこだわりは、どんなところにあるのでしょうか。

藤田さんは、書体をデザインするとき、文字を人や動物に重ねていると言います。

たとえば、ある書体の「さ」の字。2画目から3画目にかけての線の感じを、猿の鼻に見立てて、猿の顔をイメージしました。

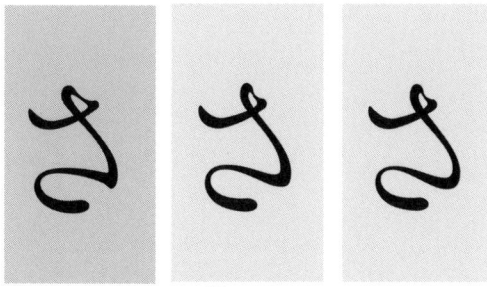

2画目と3画目の線で猿の顔をイメージした「さ」。

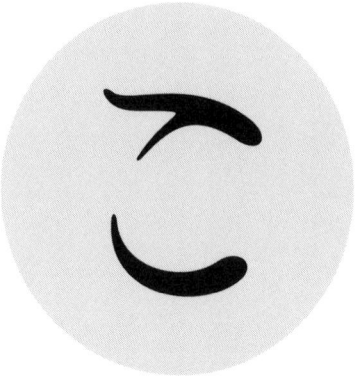

サラリーマンの髪の毛が1本たれているイメージの「こ」。

左が30年前につくられた木へんで、右が藤田さんが考えた木へん。

「こ」の字の1画目の最後のはねは、サラリーマンの、ちょろりと1本たれた前髪。

漢字も同じです。たとえば木へん。30年前につくられた書体の木へんは、藤田さんにはひざ丈のスカートのお行儀のよい女の人のように感じられます。一方、藤田さんがつくった木へんでは、スカートの丈を短くし、すそを広げるイメージにしました。足の長いスーパーモデルのような木へんに生まれ変わらせたのです。

こうしたユニークなくふうは、ただ変わった書体をつくろうという意図でするのではありません。藤田さんには書体の理想があるのです。

時代を感じ、時代を超える書体

藤田さんは自分がめざす書体について、こう話します。

「昔の書体がもっているムードのようなもの、古きよきものは受け継ぎつつ、いまの時代に新鮮に感じられる書体をつくりたいんです。ひと粒ひと粒が、個性をもってきらきら輝いている書体。そういう書体でなければ新しくつくる意味がないんじゃないかな。きちんとしたものができれば、この先100年つかわれる可能性があるんです。そういうことを念頭において、妥協せずにつくらなければと思っています」

すでにあるものの中からよいものを引き継ぎ、そこに、自分の感性でおもしろいと感じたもの、美しいと思うものをそえて、新しい書体を生みだす藤田さん。いま見て新鮮で、しかもこの先も魅力を失わない書体を追求しています。その理想の書体に到達するために、筆の毛先1本分のわずかなちがいにもこだわり、細かい調整をくり返すのです。

88888888

越智さんが悩んだ8。

CK HUMOR98

越智さんがつくったサンプル。

＊＊＊

理想の書体をめざす藤田さんの仕事への姿勢は、きびしいものです。

藤田さんの部下の越智亜紀子さんが、はじめて新しい書体の開発をまかされたときのことでした。越智さんがつくる新しい書体のコンセプトは、「いまふうに力がぬけた、ゆるかわいい書体」。越智さんがつくったサンプルをチェックした藤田さんは、次々にきびしい意見をだしました。

「『K』はシンプルで漢字とも雰囲気が合っているけど、『R』はこてこてしすぎだよ。それに数字の『8』は、くずれ方がかわいくない。ここまで手書き風じゃなくて、幾何学的な感じにしてもいいと思うよ」

やり直しです。

それから2週間、越智さんは、数字の修正に苦戦しまし

■越智さんがつくった2種類の書体

修正前

可憐な298をお薦め紹介

修正後

可憐な298をお薦め紹介

た。とくに「8」が越智さんの悩みの種。藤田さんがアドバイスをしました。

「何種類もつくったほうがいいよ88888888888って」

そう言われて、越智さんは、いろいろな「8」をつくってみました。でも、つくればつくるほど、何が正解なのかわからなくなってしまいました。

数日間の、つくっては直しての作業のくり返しの末、越智さんは、藤田さんに、つくり直したサンプルを見せました。ひととおり確認した藤田さん、こんどは、

「前につくったものと、今回のこれを並べて、『どっちがいいですか？』って、何人かに聞いておいでよ」

と指示しました。藤田さんの言うとおりに、2種類の書体を並べて、社内の人に意見を聞いて回りはじめた越智さん。すると、

「前の書体のほうが、バランスがよいと思います」
「新しいのは、なんとなく、いやです」
「古い書体のほうが、数字がほかの字となじんでいる気がするなあ」
というきびしい意見が返ってきました。残念なことに、新デザインは不評。越智さんは、がっかりしてしまいました。
部下の挫折はかわいそうでしたが、藤田さんは、批判にさらされてこそ、文字の本当の力が生まれる、と考えていたのです。

たたかれて完成する

書体デザイン歴40年のベテラン藤田さんも、自らきびしい意見に身をさらします。

文字がおりなす
新しいデザインの世界
CK HUMOR98
その後、さらに改良を重ねて完成した、新しい書体「パルラムネ」。

越智さんと同じように、作成中の自分の新しい書体のサンプルをもって、社内の人に見せて回りはじめた藤田さん。すると、遠慮のない意見が飛びだしてきます。

「この『そ』は、なんだか、アヒルみたいですよ」

「アヒル？」

自分のつくった「そ」をまじまじと見直す藤田さん。

「そう言われてみると、なんだか子どもっぽい字に見えてきたよ」

自分以外の人の目を借りなければ、見えないものもある。藤田さんは、それをよく知っていたのです。

批判をおそれていては新しいものは生まれない、と藤田さんは言いました。

「はずかしいとか、かっこ悪いとか、言っていられない。冷静に見たら『なんだ、これ？』というようなものでも、信念と情熱をもって一生懸命やって、人にぶつけていく。その結果、おもしろいものにたどりつけるんです」

そんなベテランにはげまされて、越智さんは、

（納得できるまでもがいてみよう）

覚悟を決め、根気強く新しい書体に取り組み続けました。そして、ついに自分の書体を完成させることができたのです。完成した越智さんの書体には、「パルラムネ」という書体名がつけられました。

ベテランの藤田さんも、若手の越智さんも、理想の書体をめざして、たたかれながら、もがきながら、進んでいくのです。

✳人生を変えた書体

子どもの頃の藤田さんには、とくに思いえがく将来の夢がありませんでした。地元、福岡では美術系の高校にかよいましたが、自分よりも絵のじょうずな人ばかりで、自信をもてることはあまりありませんでした。唯一、得意だったのは、文字のデザインをするレタリング。卒業後は、印刷用の文字をつくる会社、写研に就職し、福岡をはなれました。

しかし、藤田さんは、仕事にはそれほどのめりこみませんでした。書体づくりより、ファッションに熱中。おしゃれを楽しんで20代をすごしました。

そんな藤田さんに転機が訪れたのは、30歳をすぎた頃です。きっかけは、ある企業の広告でした。広告につかわれていた大きな「ほほえみ」というひらがなの4文字が目に飛びこんできて、突然、書体に目覚めたのです。

その書体は「石井明朝オールドスタイル」という書体でした。なんともいえない味のある筆さばきをあらわした、形の美しい文字。見た人に強い印象をのこすその書体は、高く評価され、広告などでたくさんつかわれていました。

石井明朝は、写研が開発した代表的な書体でしたが、それまで藤田さんはその書体をそれほ

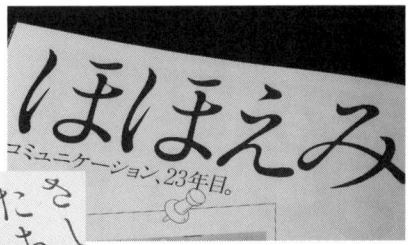

藤田さんの運命を変えた広告。

石井明朝オールドスタイルの文字。

どよいと思っていませんでした。石井明朝は文字の一つひとつにこだわりが強すぎるような気がして、若い藤田さんには、もっとさっぱりした都会的な文字のほうが心地よく感じられたのです。

それが「ほほえみ」の4文字を見た瞬間に、変わってしまいました。石井明朝のひらがなの形の美しさに引き寄せられ、すっかり心をうばわれてしまった藤田さん。

（これは、すごいな……）

書体のもつ力に圧倒され、文字について深く考えはじめます。いろいろな書体を見くらべ、つきつめていくと、石井明朝の奥深い魅力が、あらためて感じられました。伝統的な明朝体のよさを保ちつつ、際立った個性があります。この石井明朝に刺激を受けて、藤田さんは、はじめて、書体づくりの仕事に夢をいだきました。

（自分の明朝体をつくりたい！）

しかし、ちょうどその頃、印刷業界は激動の時代にさしかかり、藤田さんのつとめていた写研の事業は、縮小してしまっていました。新しい書体をつくることなど、とてもできません。

理想の書体をつくる夢にふみだせないまま、10年の月日が流れました。

40歳をすぎたある日のこと、藤田さんは、転職した元同僚から、思いがけない話をもちかけられました。

「福岡の会社が、質の高い明朝体をつくれる人を探している。行ってみないか？」

コンピューターであつかう文字の書体をつくる会社です。40歳をすぎての転職には、不安もありました。しかし、これが、自分の書体をつくれる最後のチャンスかもしれません。

藤田さんは、福岡の会社に移ることを決断しました。それが、フォントワークスでした。

ひたすら夢を追う

フォントワークスに移るとすぐ、藤田さんは明朝体をつくりはじめました。夢のはじまりです。しかし、それは、途方もない作業のはじまりでもありました。

1年かけて、ようやくひとそろいの書体を仕上げましたが、周囲からの評価はい

まひとつ、ぱっとしません。自分でも、つくってから少し時間をおいて見直すと、

（これはだめだな……）

と思うような書体でした。なんどつくっても、よくも悪くもない、ふつうの書体。藤田さんならでは、というような個性のある、魅力的な書体にはなりませんでした。

とくにむずかしかったのが、ひらがなです。標準的であることを求められる明朝体のひらがなで、個性をだすというのは、思いのほかむずかしいことでした。

でも、藤田さんは、つらいとは思いませんでした。書体をつくることが楽しくて、ずっと熱中していられたからです。

試行錯誤をくり返すうち、藤田さんは、それまでベースにしていた安定感のあるひらがなの書体からはなれ、少し動きのあるひらがなの書体を参考にすることを思いつきました。両方のひらがなの特徴を研究して、じょじょに、ひらがなのつくり方のこつをつかんでいった藤田さん。転職から3年あまりのち、ついに、新しい書体「筑紫明朝」を完成させました。

藤田さんがこだわったひらがなは、直線的なところがなく、美しい曲線で形づく

られています。半紙に筆で、すーっと書いたような、なめらかなひらがな。

筑紫明朝は、すぐに印刷業界で評判になりました。昔の印刷でつかわれていた文字のような、独特のバランスがあったのです。そのバランスは、一つひとつの文字の美しさへの、藤田さんの徹底的なこだわりから生まれたものでした。

「ようやく、新しい印刷でも、こういう書体をつかえるようになった」

そう評価されるのは、本当にうれしいことでした。長年チャンスをまち、何年も地道な努力を重ね、藤田さんはついに「自分の理想の書体」をつくり上げたのです。

「なんのとりえもないサラリーマンでも、夢はつかめる」

遅咲きの夢追い人、藤田さんは、そう言って笑いました。

✳明治の文字への挑戦

「この『ふ』はいいな……」

藤田さんが、ひとつの文字を見つけて、声をもらしました。

見ているのは、福沢諭吉が刊行した習字の教科書『啓蒙手習之文』。150年前、明治時代の本です。

この本に、字のお手本として掲載されている、ひらがなの「ふ」の字は、3画目の左の点が思いきり下がり、4画目の右の点が極端に上がった、独特な形です。現在、一般的に印刷で用いられている「ふ」の字とはだいぶ印象がちがいます。

このユニークで美しい「ふ」を見て、藤田さんの創作意欲に火がつきました。

（この「ふ」のイメージを、五十音に広げていこう）

不思議な形の「ふ」をもとにして、同じ特徴で統一された書体をつくろうと思い立ったのです。新しい冒険のはじまりです。まったくだめかもしれないし、とてもおもしろいものができるかもしれない。藤田さん

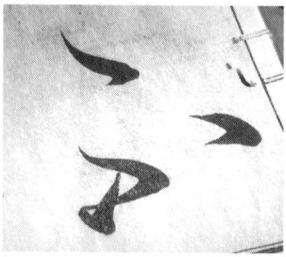

150年前に福沢諭吉によってつくられた習字の教科書と、そこにある「ふ」の文字。一点から広がっていくようなイメージ。

は、わくわくしていました。

さっそく、新しい書体の開発がはじまりました。『手習之文』の「ふ」のイメージを原型に、新しい明朝体をつくるのです。めざすのは、立体感のある書体。あの本の「ふ」がもっている、視線を一点に導いて奥行きを感じさせるような立体感です。

コンピューターに向かって仕事にとりかかります。

すると、仕事がはやいことで知られる藤田さん、4日で18字のデザインをつくり上げてしまいました。モニターに、作成中の「らやちゆめの」の文字が並んでいます。それをじっと見つめる藤田さん。「ゆ」の字が気になっています。

（なんだか落ち着かないなあ。安定が悪い）

いろいろな修正を試みたあと、「ゆ」の最初の縦の線と、最後のはらいを、思いきって長くして下まで下げてみました。

落ち着きがないと感じた「ゆ」（左）と、修正した「ゆ」（右）。

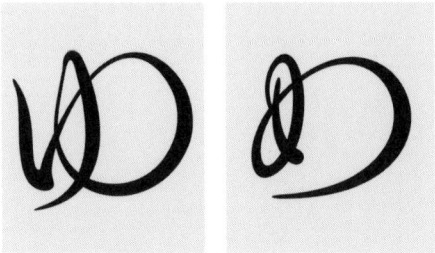

「ゆ」の修正後に気になりはじめた「め」。

すると、「ゆ」の字が、どっしりと安定した感じになりました。気分よく「ゆ」を確認した藤田さんですが、ふと、となりの「め」に目がいきます。

（「ゆ」が全体的に下がったから、「め」が浮き上がって見える……）

「ゆ」の修正によって、こんどは「め」のバランスを修正しなければならなくなりました。玉つきのように、次々にほかの字の調整が必要になっていきます。

文字は、一つひとつがどれほどよくても、それを組み合わせてみたときに、ばらばらに見えることがあります。極端にいうと、ミステリーなどにでてくる、切りぬいた文字をはりあわせてつくった脅迫状のような感じです。そういう書体はとても読みにくいものです。藤田さんは書体をつくる際、文字同士が気持ちよくなじむよう、きれいに並ぶよう、細心の注意をはらっています。

いくつかの修正をしたあと、モニターの文字は、きれいにそろって並びました。

「うん」
藤田さん、納得して、ひとりうなずいています。

数日後。藤田さん、こんどは「も」の字につまずいていました。
（もうひとつ、何か、足りない。軽すぎる……）
「も」に、この書体らしい特徴をつけられずに、悩んでいるのです。この「も」については、もう9日も考え続けていますが、よいアイデアが浮かびません。
問題は、2画目、3画目の、2本の横棒。その部分が、藤田さんの感覚では、殺風景でした。原型である「ふ」に共通する、この書体ならではの「クセ」を、この2本の横棒にあらわしたいと考えています。
「も」1文字に何日も考えこみながら、藤田さんは、つくづく、明朝体という書体の奥深さを思い知らされていました。
明朝体はこれまで無数につくられてきましたが、藤田さんは、明治のはじめ、本格的な印刷がはじまった頃につくられた書体にひかれます。文字をつくった職人た

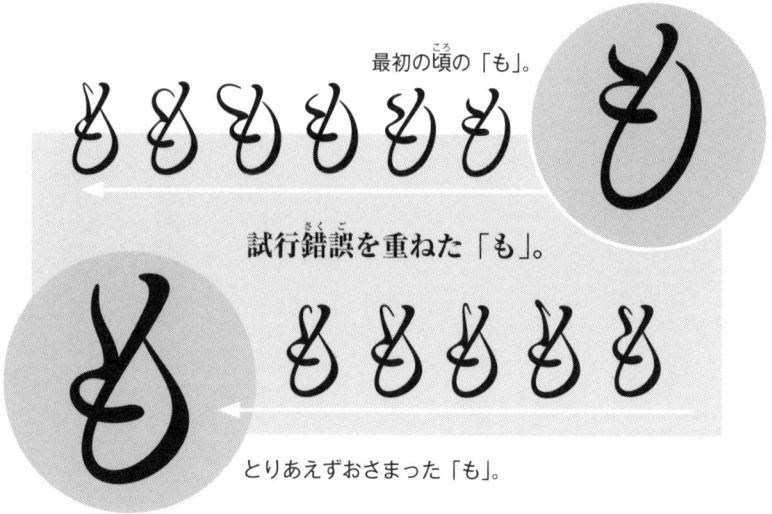

ちのパワーと遊び心があふれ、底知れない魅力がありました。その魅力を十分に知っているからこそ、藤田さんは、いまつくっている新しい書体を、過去の書体に負けない、10倍おもしろいものにしたいと思うのです。

「も」が頭からはなれない藤田さん。自宅に帰っても、「も」のことばかり考えています。土曜日の夜、お風呂上がりに突然思いついたことがあって、コンピューターを開き、「も」を修正しはじめました。例の、2本の横棒を、大胆にずらして動きをだします。そのずらし方にも、いろいろなやり方があり、少しずつちがうずらし方の「も」をいくつもつくっていきます。

（とりあえず、この「も」でいこう）

やっとそう思えた「も」は、上の横棒だけが極端にかたむいた、個性的な「も」。この字ができあがったとき、時計は午前3時を回っていました。

新しい書体の開発スタートから、1か月ほどたちました。

藤田さんは、五十音をひととおり完成させていました。その五十音をもって東京へ向かいます。試作段階の新しい書体を、信頼できる人に見てもらうのです。覚悟して、批判に身をさらします。

まず、訪ねたのは、祖父江慎さん。日本を代表するブックデザイナーです。ブックデザイナーとは、本のデザインをする人。本の文字の種類や大きさ、配置などを考える専門家で、文字の美しさやそのつかい方には、人一倍神経をつかっています。

祖父江さんは、個性的でギリギリのところまでチャレンジする藤田さんのデザインが大好きで、つねに前向きに書体をデザインする藤田さんを、いつも応援しているデザイナーさんです。

「こんにちは。どうも」

笑顔で出むかえる祖父江さん。事務所の大きなデスクをはさんで、藤田さんはさっそく、新しい書体について説明をはじめました。

「福沢諭吉の、習字の本がありまして」

「ああ、ありますね。『手習之文』かな？」

「ええ。その中にあった、ひらがなの『ふ』の字を発展させた書体なんです。五十音が、いま、こんな感じなんですが」

手わたされた五十音をじっと見る祖父江さん。どんな反応が返ってくるか、藤田さんは、落ち着かない気持ちでまっています。

祖父江さんが口を開きました。

「なんというか……異常気象で風があちこちに吹きまくっているような書体です」

おだやかな笑顔ですが、ほめている感じではありません。

「ここまで個性的だと、よいのか悪いのか、もう、さっぱりわからないけど、『の』なんかは、ふつう、ちょっとありえない。いびつすぎると思いますね」

祖父江さんは、試作の五十音の「の」を、鉛筆で正方形に囲みました。藤田さん

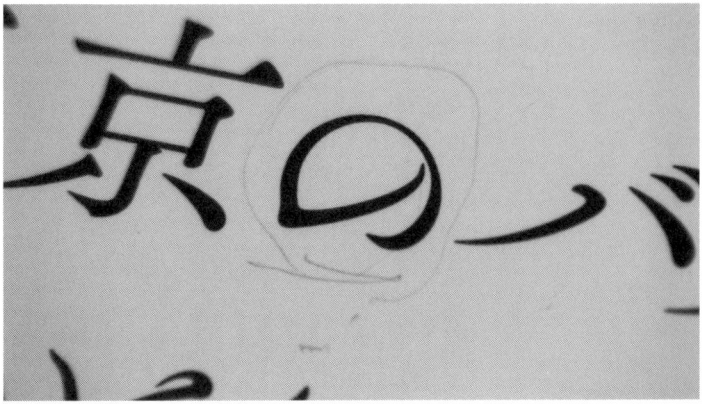

祖父江さんに見せた藤田さんの新書体案。

の「の」が、時計回りに大きくかたむくようにゆがんでいるのが強調されます。

「『ゆ』もそうだね。この『ゆ』は、タコ、ゆでダコって感じですもんね」

藤田さんが細かく調整した「ゆ」です。

「この『ゆ』とか、『め』、さっきの『の』、これで『ゆめの』なんて組まれたら、それはたぶん悪夢ですよ。本文が組まれるのを拒否している書体です」

本文というのは、書籍や雑誌の、タイトルや見出しではない、読み物本体部分のことです。「組む」というのは、文字を組み合わせて並べること。文字がつまった読み物部分ではつかえない書体だ、という意見でした。

やわらかい口調ですが、内容は、本の専門家ならではのきびしい批評でした。いつもは藤田さんのデザインを高く評価している祖父江さんですが、「ゆ」や「め」のデザインは、本文組みにつかうには目立ちすぎるのではないかと心配しています。

「すみませんね」

気の毒そうな表情の祖父江さん。

「いえいえ」

さすがの藤田さんも肩を落としますが、書体はたたかれて完成する、と身をもって知っているのでへこたれません。

顔を上げて、次のプロのところへ向かいます。

次に藤田さんが訪ねたのは、鳥海修さん。藤田さんと同じ書体デザイナーです。書体業界の第一人者として知られ、鳥海さんの代表作「ヒラギノ」書体は、有名メーカーのスマートフォンの標準書体として使用されています。「異端」とも評される藤田さんに対して、「正統派」と称される鳥海さんは、写研時代の藤田さんの同僚でもあります。25年ほど前に、自分の事務所を設立し、書体デザインの仕事をしています。

新しい書体について、かんたんに説明をした藤田さんは、

「鳥海さんに、なんでもいいから、ご意見いただけるとありがたいなと思って」

と、試作した書体を鳥海さんに差しだしました。

五十音を目で追いはじめた鳥海さん。しばらくして、顔を上げました。

『い』とか『む』とか、『し』、あと『そ』もそうだけど。もう、いいかげんにしろって感じだよね」

元同僚の鳥海さんは、笑いながら、でも、遠慮なくずばりと言います。

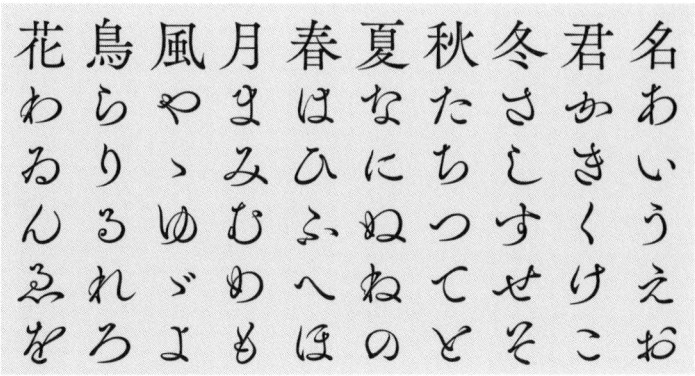

藤田さんが試作した書体。

『て』も、おれはだめだな。どうして、こんなふうにゆがめるの？」

鳥海さんは、そもそものコンセプトについて藤田さんにたずねました。

藤田さんは、この書体を思いついた経緯とめざすところについて話しますが、異端児の藤田さんの考え方に、正統派の鳥海さんはなかなか納得がいきません。議論はこの書体を超えて、デザインに対する根本的な考え方におよびました。

デザインとは

鳥海さんは、藤田さんのデザインを、「添加するデザイン」と表現しました。

「藤田さんはいろんなものを添加していくよね。料理にたとえると、ふつうは味噌汁に入れない具を入れるみたいに。結果として、味噌汁なのに和食じゃない、びっくりするような不思議な料理になる。いろんなものをとり入れて、足して、まとめて、というつくり方。おれのやり方だと、よく言えば、洗練をめざすんだよ。そのために、どちらかというと削る方向にいく。削って、削って、削る」

藤田さんは、反論します。

「従来のものもいいし、それをきわめていくことも、それはそれでいいよ。でも、ぼくとしては、もっと広げたいんですよ。『こういう明朝体もある、こういうゴシック体もある』って、新しい可能性をしめしたい。つかい手さんの反応が悪ければ、ぼくもあきらめる。でも、実際にこれまで、変わったものをつくって、よい反応があった。だから、どんどんやるぞ、と思ってる」

「それ、悪いほうに導いてるんじゃないの？」

鳥海さんの、どきっとするような問いかけに、藤田さんは率直にこたえました。

「それは、20年とか50年とかたたないと、わからないよ」

この藤田さんのこたえに、鳥海さんもうなずきます。

「何十年かして、『あのとき藤田がつくったものは、本筋から外れていた、一時の流行だった』って言われているかもしれない。あるいは、『やっぱり、いいよね』ってのこっているかもしれない。それはわからないんだもの。なら、つくってみなくちゃ」

藤田さんのことばは、自分に言い聞かせているようでもありました。

「ありがとうございました」

元同僚に頭を下げて、事務所をでた藤田さん。新しい書体へのよい評価は得られませんでしたが、その表情には、静かな力がみなぎっています。

鳥海さんとの議論で、自分のデザインの原点を確認することができました。過剰が生みだす個性。正解かどうかはわかりません。しかし、それこそが、藤田さんの強みであり、藤田さんが書体をつくる意味なのです。

ためらわず、ふりきる

やりすぎ、と批判されることもあるかもしれません。でも、ためらわず、めいっぱいふりきるのが、藤田さんの流儀です。書体づくりは冒険。見る人に衝撃をあたえたい。おもしろいと思わせたい。

（「ふつうでいいね」なんて言われたら、ぼくが新しい書体をつくる意味がない）

ホテルにもどるなり、いすに座るのももどかしく、立ったままコンピューターの電源を入れた藤田さん。新しい書体の五十音を見つめます。

「ふつうでいいならぼくがつくる意味がない……」

（この「む」、鳥海さんは、絶対いやって言ってたな。でも、ぼくは大好き。これは直さない）

自分らしく、自分の信じるものを、思いきってつくり続ける。それが、理想の書体への道。その原点にもどった藤田さんは、楽しそうな表情で話しました。

「絶対におもしろい明朝体が生まれる、という自信があるんです。自分がどこまでそれをつきつめていけるかが勝負。文字に終点はありません。目いっぱい、できるだけ、よいものにしたい」

そして、さっそくコンピューターに向かって、作業をはじめました。

新しい書体の販売まで、1年半。藤田さんは、ひたすらに自分の理想を追い求めて、試行錯誤を続けていきます。

※159ページの6行目から、186ページの10行目まで〝筑紫明朝〟をつかっています。

プロフェッショナルとは

自分がこうだと思ったら、それを信じて最後まで走りきってゴールすること。
そして、ゴールさせたものが、きちんと評価されるものであること。
それができるのがプロフェッショナル。

第297回2016年6月13日放送

こんなところがプロフェッショナル！

こだわりぬいた書体を生みだす藤田重信さん。
こんなところがすごいよ。

ひたすら試行錯誤する

ひとつの文字が気になると、そこで藤田さんの試行錯誤がはじまります。ひとつの文字に2日かかることも。「れ」の文字が気になりはじめ（左）、修正し続け、2日後、ようやく1か所修正をすることで、納得のいく「れ」ができました(右)。

頭の中のイメージを直接かく

藤田さんは下書きをしません。その時間がもったいないからです。下書きをしなくても、藤田さんの頭の中には、文字のイメージがあるのです。新書体の文字を次々とデザインしていく藤田さん。「早がきの藤田」といわれています。

車のデザインにもこだわる

藤田さんの愛車は50年前のイタリアの車。ボディーの丸みがとても美しく、とっても気に入って乗っています。パワーがなくエアコンがつけられず、トラブルも多いそうですが、この美しさは手ばなせないそうです。

小さなちがいは大きなちがい

一見同じように見える藤田さんのふたつの眼鏡。藤田さんにとっては、全然ちがう眼鏡なのです。ほんの小さな形のちがいで、そのものがもつムードが変わってしまうと言う藤田さん。小さな形のちがいにも、とことんこだわります。

プロフェッショナルの格言

書体デザイナー、藤田重信さんのことばを心にきざもう。

批判をおそれない

批判にさらされたときこそ本当の力が生まれる。批判をおそれていては新しいものは生まれない。信念と情熱をもってやったものを人にぶつけた結果、おもしろいものにたどりつけると藤田さんは言います。

妥協せずつくらなければいけない

昔の書体のよさを受け継ぎつつ、いまの時代に新鮮と感じられる書体をつくりたいと考えている藤田さん。この先100年つかわれるかもしれないということを念頭におき、妥協せずにつくっているのです。

ためらわず、ふりきる

過剰が生みだす個性。やりすぎと批判されても、ためらわず目いっぱいふりきります。これが藤田さんの書体デザインの原点です。ふつうでは意味がない、見る人に衝撃やおもしろさをあたえる書体をめざします。

NHK
プロフェッショナル
仕事の流儀

■ 執　筆　そらみつ企画
■ 編集協力　株式会社 NHK出版
■ デザイン・レイアウト　有限会社チャダル
■ イラスト　門司美恵子
■ 協　力　株式会社オフィス GOTO、万作の会、
有限会社ガーデンルームス、フォントワークス株式会社、
祖父江慎、鳥海修（有限会社字游工房代表取締役）
■ 写真協力　独立行政法人日本芸術文化振興会、AFLO
■ 校　正　田川多美恵
■ 編　集　株式会社アルバ
■ カバーイラスト　usi

NHK プロフェッショナル 仕事の流儀 7
表現するプロフェッショナル

発　行　2018 年 4 月　第 1 刷

編　者　NHK「プロフェッショナル」制作班

発行者　長谷川 均
編　集　崎山貴弘
発行所　株式会社ポプラ社
〒160-8565　東京都新宿区大京町 22-1
振　替：00140-3-149271
電　話：03-3357-2212（営業）
03-3357-2635（編集）

ホームページ　www.poplar.co.jp
印刷・製本　中央精版印刷株式会社
©NHK
N.D.C.916/191 P /20cm　ISBN 978-4-591-15763-3
Printed in Japan

落丁本・乱丁本は、送料小社負担でお取り替えいたします。小社製作部宛にご連絡ください。電話：0120-666-553　受付時間：月～金曜日、9：00～17：00（祝日・休日は除く）。本書のコピー、スキャン、デジタル化等の無断複製は著作権法上での例外を除き、禁じられています。本書を代行業者等の第三者に依頼してスキャンやデジタル化することは、たとえ個人や家庭内での利用であっても著作権法上認められておりません。

NHK

プロフェッショナル

仕事の流儀

編：NHK「プロフェッショナル」制作班

全8巻
小学校高学年以上
N.D.C.916
四六判

仕事にかけるプロフェッショナルたちを紹介

1 革新をもとめるプロフェッショナル

自動車整備士・小山明、小山博久／引っ越し作業員・伊藤秀男／ビル清掃・新津春子／クリーニング師・古田武／義肢装具士・臼井二美男

2 技をきわめるプロフェッショナル

パン職人・竹内久典／ぎょう鉄職人・葛原幸一／時計職人・松浦敬一／うなぎ職人・金本兼次郎／そば打ち職人・高橋邦弘

3 創造するプロフェッショナル

発明家・道脇裕／ロボット研究・山海嘉之／工学博士・國中均／町工場経営者・竹内宏／フィギュアメーカー社長・宮脇修一

4 命と向きあうプロフェッショナル

助産師・神谷整子／小児外科医・山高篤行／ウイルス学者・髙田礼人／介護福祉士・和田行男／獣医師・蓮岡元一

5 くらしをささえるプロフェッショナル

鉄道ダイヤ作成・牛田貢平／クレーン運転士・上坪茂／保育士・野島千恵子／水道技術者・笑喜久文／地方公務員・寺本英仁／困窮者支援・奥田知志

6 食をささえるプロフェッショナル

りんご農家・木村秋則／ 肉牛農家・鎌田秀利 ／カキ養殖・畠山重篤／チーズ農家・吉田全作／カツオ漁師・明神学武

7 表現するプロフェッショナル

バイオリニスト・五嶋みどり／狂言師・野村萬斎／ガーデンデザイナー・ポール・スミザー／バスガイド・崎原真弓／書体デザイナー・藤田重信

8 信念をつらぬくプロフェッショナル

プロサッカー監督・森保一／囲碁棋士・井山裕太／恐竜学者・小林快次／歯科医・熊谷崇／建築家・大島芳彦